100 RECEITAS SEM GLÚTEN!

Bolos, cookies, biscoitos e muito mais

Editora Appris Ltda.
1.ª Edição - Copyright© 2024 das autoras

Catalogação na Fonte
Elaborado por: Dayanne Leal Souza
Bibliotecária CRB 9/2162

Y655c
2024

Yoshida, Marta Midori
100 receitas sem glúten! Bolos, cookies, biscoitos e muito mais / Marta Midori Yoshida. - 1. ed. - Curitiba: Appris, 2024.
221 p. ; 23 cm.

ISBN 978-65-250-7152-7

1. Alimentos sem glúten. 2. Sem trigo. 3. Dietas sem glúten - Receitas. I. Yoshida, Marta Midori. II. Título.

CDD - 641.56

Appris editora

Editora e Livraria Appris Ltda.
Av. Manoel Ribas, 2265 – Mercês
Curitiba/PR – CEP: 80810-002
Tel. (41) 3156 - 4731
www.editoraappris.com.br

Printed in Brazil
Impresso no Brasil

Marta Midori Yoshida
Cintia Hikari Yoshida

100 RECEITAS SEM GLÚTEN!

Bolos, cookies, biscoitos e muito mais

artêra
editorial

FICHA TÉCNICA

EDITORIAL	Augusto V. de A. Coelho Sara C. de Andrade Coelho
COMITÊ EDITORIAL	Marli Caetano Andréa Barbosa Gouveia (UFPR) Edmeire C. Pereira (UFPR) Iraneide da Silva (UFC) Jacques de Lima Ferreira (UP)
SUPERVISORA EDITORIAL	Renata C. Lopes
PRODUÇÃO EDITORIAL	Bruna Holmen
REVISÃO	Andrea Bassoto Gatto
DIAGRAMAÇÃO	Bruno Ferreira Nascimento
CAPA	Mariana Brito
FOTOS DAS RECEITAS	Cintia Hikari
REVISÃO DE PROVA	Jibril Keddeh

APRESENTAÇÃO

Em 2013, abri uma confeitaria na cidade em que eu vivia, onde preparava bolos, pães, salgados e sobremesas, tudo feito com farinha de trigo no modo convencional.

Com o passar dos anos fui sentindo muitos desconfortos que comprometiam minha saúde: dores de cabeça, dores nas articulações, retenção líquida no corpo, estufamento abdominal, falta de memória, osteoporose, entre outros.

Então resolvi investigar e estudar qual seria a causa e a solução para todos esses problemas que me afetavam naquele momento, pois sabia que os excessos e a falta de moderação, tanto na alimentação quanto no estilo de vida, estavam me prejudicando e me afastando de ter uma qualidade de vida mais saudável e equilibrada.

Foi aí que descobri o mal que o glúten faz em nossas vidas e resolvi fazer um teste comigo mesma: parei totalmente com o consumo de trigo. No primeiro mês não notei nenhuma melhora; pelo contrário, comecei a ter sintomas de abstinência de glúten – sentia muita falta de um pãozinho, sobretudo no café da manhã ou no lanche da tarde. Apesar disso, insisti com a experiência, e no segundo mês sem consumir nada de farinha de trigo percebi que todos aqueles desconfortos frequentes haviam simplesmente desaparecido.

Finalmente meu corpo e minha mente estavam desintoxicados do glúten. Decidi, então, desenvolver receitas com outras farinhas que não fossem a de trigo. Foram vários testes misturando diferentes farinhas e ingredientes para descobrir as melhores proporções, reações, sabores, texturas e resultados. Joguei tantas receitas no lixo, perdi ingredientes, mas mesmo assim continuei praticando várias e várias vezes, pois durante esse processo de erros e acertos fui aos poucos me aperfeiçoando e aprendendo cada vez mais, até conseguir chegar em resultados satisfatórios.

Em 2020, decidi lançar o canal "Marta Midori Gluten Free" no YouTube, em que comecei a compartilhar minhas receitas autorais. Inicialmente postava receitas de bolos, mas, com o tempo, optei por me concentrar em preparações de pães, massas e salgados. Em 2021, criei o canal "Confeitaria Midori Gluten Free", dedicado exclusivamente a receitas doces, como bolos caseiros, bolos confeitados, rocamboles, tortas e sobremesas sem glúten. Essas receitas foram adaptadas das preparações tradicionais com farinha de trigo que eu costumava vender na minha antiga confeitaria.

Após vários anos desenvolvendo opções alternativas para quem precisa eliminar o glúten da alimentação, e em parceria com minha filha, que também adapta receitas tradicionais para versões sem glúten em seu canal "Hikari's Home" – focado em cookies, biscoitos, bolachas e quitutes –, decidimos juntas compilar nosso trabalho neste livro. Nosso objetivo é apoiar ainda mais aqueles que enfrentam a desafiadora jornada *gluten free*.

SUMÁRIO

DÚVIDAS FREQUENTES (BOLOS SEM GLÚTEN)

1- Qual o peso dos ovos utilizados nos bolos sem glúten?

Aproximadamente 55 g a 60 g.

2- Quais cuidados devo ter ao separar as claras das gemas?

- Ao separar as claras para bater com o açúcar, certifique-se de que não caia nenhum pingo de gema nelas, pois isso pode dificultar e até impossibilitar que as claras cheguem no ponto merengue pedido na receita.
- Caso você não saiba se os ovos estão frescos, utilize três tigelas: uma para as claras, uma para as gemas e outra para quebrar o ovo antes de fazer a separação. Dessa maneira você não corre o risco de quebrar um ovo estragado nas gemas ou claras já separadas anteriormente.

3- Por que não vai fermento químico em pó na maioria das receitas de bolos sem glúten deste livro?

Por conta do processo que consiste em bater as claras com o açúcar separadamente até o ponto merengue, a massa já fica previamente emulsificada, sem a necessidade da utilização do fermento químico em pó para crescer dentro do forno. Essa técnica pode ser observada em bolos famosos como o "Castella Cake" (Kasutera).

4- Por que em algumas receitas vai fermento químico em pó apesar de utilizar-se da mesma técnica dos bolos sem fermento citados anteriormente?

O fermento químico em pó entra como um "reforço" nessas receitas em específico. Essa técnica pode ser observada em bolos famosos como o "Chiffon Cake".

5- Por que não se utiliza goma xantana nos bolos sem glúten?

Na confeitaria tradicional com farinha de trigo, geralmente os bolos são misturados delicadamente somente até formar uma massa homogênea justamente para não ativar as cadeias do glúten, pois o excesso dessa liga pode resultar em bolos pesados. Como a goma xantana tem essa mesma função do glúten, nas receitas de bolo sem glúten deste livro não é necessário colocar esse ingrediente.

6- Em qual grade do forno devo assar meus bolos sem glúten?

Geralmente na grade do meio, lembrando que o tipo de forno utilizado para as receitas deste livro foi forno convencional a gás. Por isso, se necessário, adapte a grade de acordo com o tamanho e o tipo do seu forno.

7- Por quanto tempo devo preaquecer o forno?

Em média, por 10 minutos. Porém esse tempo pode variar entre 5 e 15 minutos de acordo com o clima local e o tipo de forno.

8- O tamanho e o formato da forma podem interferir no tempo de forneamento dos bolos sem glúten?

Sim. Por exemplo:

- A mesma quantidade de massa pode assar mais rápido em uma forma maior e mais baixa do que em uma forma menor e mais alta.
- A mesma quantidade de massa pode assar mais rápido em uma forma redonda com furo no meio do que em uma forma redonda sem o furo no meio.

9- Como saber se o seu bolo sem glúten já está completamente assado?

Perto de tirar a massa do forno, sua cozinha começará a "ter cheiro de bolo" (se sua massa tiver essência de baunilha ou raspas de laranja, por exemplo, é esse aroma que você vai sentir no ar). Depois, antes de desligar seu forno, faça o teste do palito espetando o centro da massa. Se sair limpo e sequinho é sinal de que o bolo já está assado. Se sair com um pouco de massa crua significa que o bolo precisa ficar mais tempo no forno.

10- Pode trocar o açúcar branco por adoçante?

Sim, sempre lembrando de optar por adoçantes forno e fogão, ou seja, opções que suportem altas temperaturas. Quanto à equivalência em relação à quantidade de açúcar pedida na receita, verifique sempre as instruções da embalagem do produto quanto à proporção.

11- Pode trocar o açúcar branco por açúcar demerara?

Sim. Uma dica interessante é bater o açúcar demerara no liquidificador na função pulsar e ir mexendo de vez em quando, somente até que ele chegue na espessura do açúcar branco refinado. Dessa maneira, o açúcar demerara se dissolve com mais facilidade nas preparações das receitas.

12- Não consumo lactose. Posso substituir o creme de leite das receitas de bolo sem glúten?

Sim, pode substituir por creme de leite zero lactose ou creme de leite vegetal, lembrando sempre que dependendo da receita, essas ou quaisquer outras substituições podem alterar o resultado final nem que minimamente, por isso é importante fazer testes e adaptar a receita caso necessário

13- Não consumo lactose. Posso substituir o leite animal das receitas de bolos sem glúten?

Sim, pode substituir por leite zero lactose ou leite vegetal e, em alguns casos, até por água, lembrando sempre que dependendo da receita, essas ou quaisquer outras substituições podem alterar o resultado final nem que minimamente, por isso é importante fazer testes e adaptar a receita caso necessário

14- Substituí o leite animal das receitas por leite de coco e a massa ficou mais pesada. O que pode ter acontecido?

Geralmente, o leite de coco apresenta uma consistência mais grossa do que o leite de vaca por conta do percentual de gordura e características específicas do produto. Uma dica para deixar o leite de coco mais líquido é acrescentar um pouco de água caso seja necessário e utilizar dessa maneira nas receitas em que for fazer essa substituição.

15- Por que alguns bolos sem glúten, após saírem do forno, devem esfriar de cabeça para baixo?

Por conta da técnica de bater as claras com o açúcar e delicadeza da massa em específico, alguns bolos podem necessitar do processo de esfriarem de cabeça para baixo para manterem a altura da massa e não baixarem. Para isso, é importante não untar as laterais da forma justamente para a massa grudar nas paredes dela. Caso utilize formas que não tenham fundo removível, você pode forrar apenas o fundo com papel manteiga ou papel toalha.

16- Por que levar o bolo à geladeira depois de recheado e montado?

Para fazer bolos confeitados, o ideal é forrar um plástico dentro da própria forma (a mesma utilizada anteriormente para assar o bolo) e ir intercalando e montando as camadas de massa com o recheio. Depois, cobrir a superfície da massa com um plástico (para não ressecar) e levar à geladeira justamente para firmar a estrutura do bolo. Dessa maneira fica mais fácil na hora de confeitar as laterais e o topo do bolo.

17- Por que meu bolo baixou/solou ao sair do forno?

Possíveis causas:

- Forno desregulado.
- Forno muito quente.
- Falta de tempo de forneamento.
- Abrir o forno antes do tempo aceitável.
- Choque térmico.
- Utilizar farinhas do tipo que não absorvem líquido suficiente para estruturar a massa.
- Utilizar ovos muito grandes ou muito líquidos.

18- O que fazer para evitar que meus bolos baixem após saírem do forno?

Se todos os seus bolos apresentam a tendência de baixar ou "solar" após saírem do forno, mesmo seguindo à risca as orientações citadas anteriormente, uma alternativa seria esfriar seus bolos de cabeça para baixo, tomando todos os cuidados citados no item 15.

19- Como armazenar os bolos sem glúten? Qual a durabilidade?

Depois de assado ou confeitado, o bolo pode ser armazenado inteiro ou fatiado em recipientes herméticos, embalagens com tampa, plásticos comuns ou próprios para congelamento, plástico filme etc., bem embalados para não ressecarem.

- Fora da geladeira, em local fresco e arejado: 2 a 3 dias.
- Dentro da geladeira: 5 a 7 dias.
- No freezer: 3 meses.

20- Como congelar os bolos sem glúten?

Pode congelar o bolo fatiado ou inteiro desde que embalado corretamente em recipientes herméticos, embalagens com tampa, plásticos próprios para congelamento ou plástico filme. É importante lembrar de esperar o bolo esfriar completamente antes de congelá-lo.

21- Como descongelar os bolos sem glúten?

É só tirar do freezer e descongelar em temperatura ambiente.

DÚVIDAS FREQUENTES (COOKIES SEM GLÚTEN)

1- Qual a espessura dos biscoitos e cookies sem glúten?

A partir de 0,5 cm até 1,5 cm, mas vai depender da receita e da preferência individual.

2- O que utilizar para abrir a massa do biscoito sem glúten?

- Rolo de massa.
- Saco plástico (pode ser plástico transparente reforçado ou fino) ou duas folhas de papel manteiga.

3- O que usar para forrar as assadeiras?

Papel manteiga, papel antiaderente, tapete culinário de silicone etc.

4- Como transferir os biscoitos da bancada para a assadeira?

Após cortar os biscoitos, utilize uma espátula (espátula própria para biscoitos ou de passar manteiga) ou faca para retirar os biscoitos da bancada e colocar na assadeira. Se necessário, polvilhe um pouco de farinha de arroz, amido de milho ou polvilho doce sobre essa espátula para a massa não grudar.

5- Como saber se meus biscoitos ou cookies já estão assados?

Geralmente, você pode observar o ponto ideal para retirar do forno quando notar que a base e as beiradas começarem a ficar ligeiramente coradas.

6- O que fazer se meus biscoitos ou cookies sem glúten não estiverem assando por igual?

Essa diferença pode ocorrer quando o forno está desregulado ou quando há pontos mais quentes que outros dentro do próprio forno. Para evitar isso, gire as assadeiras no meio ou no final do tempo dentro do forno para que os biscoitos/cookies sejam expostos às diferentes temperaturas, para que assim, assem de maneira uniforme. Ou seja, a parte da assadeira que recebe mais calor é invertida com a parte que recebe menos calor justamente para equilibrar a temperatura recebida pela assadeira.

7- Por que meus biscoitos ou cookies sem glúten assam mais rápido que o tempo previsto na receita?

Possíveis causas:

- Forno mais quente.
- Espessura mais fina ou tamanho dos biscoitos/cookies menores.
- Tipo de assadeira, mais rasa.
- Maior espaçamento entre os biscoitos e cookies na assadeira (quanto maior o espaçamento entre eles, mais calor é distribuído para assar cada unidade).

Nesses casos, deixe menos tempo no forno ou diminua a temperatura.

8- Por quê meus biscoitos/cookies demoram mais tempo para assar que o previsto na receita?

Possíveis causas:

- Forno mais frio.
- Espessura mais grossa ou tamanho dos biscoitos/cookies maiores.
- Tipo de assadeira, mais alta.
- Menor espaçamento entre os biscoitos/cookies na assadeira (quanto menor o espaçamento entre eles, menos calor é distribuído para assar cada unidade).

Nesses casos, deixe mais tempo no forno ou aumente a temperatura.

9- O que fazer se a minha massa ficar mais seca?

Acrescente mais água morna até dar ponto. Isso pode acontecer quando a farinha de arroz ou alguma outra é do tipo que absorve muito líquido.

10- Por que minha massa ficou com uma textura mais arenosa?

Por conta da granulometria ou qualidade da farinha de arroz utilizada. Para isso faça o teste: pegue uma quantidade de farinha de arroz e passe em uma peneira bem fina. Caso note partículas grossas parecidas com grãos de areia, significa que essa farinha proporcionará esse tipo de textura para seus biscoitos ou cookies

11- Para que serve o açúcar branco refinado utilizado nas receitas de biscoitos ou cookies sem glúten?

Além de adoçar a massa, o açúcar branco refinado tem a capacidade de se misturar e se dissolver com mais facilidade na massa, além de auxiliar na textura, na crocância, na cor e no sabor dos biscoitos/cookies

12- Pode trocar o açúcar por adoçante?

Sim, sempre lembrando de optar por adoçantes forno e fogão, ou seja, opções que suportem altas temperaturas. Quanto à equivalência em relação à quantidade de açúcar pedida na receita, verifique sempre as instruções da embalagem do produto quanto à proporção. Lembrar, ainda, que dependendo da receita, essas ou quaisquer outras substituições podem alterar o resultado final (textura, sabor ou cor), por isso é importante fazer testes e adaptar a receita caso necessário.

13- Pode trocar o açúcar branco por açúcar demerara?

Sim. Uma dica interessante é bater o açúcar demerara no liquidificador na função pulsar e ir mexendo de vez em quando, somente até que ele chegue na espessura do açúcar branco refinado. Dessa maneira, o açúcar demerara se dissolve com mais facilidade nas preparações das receitas. Lembrando sempre que dependendo da receita, essas ou quaisquer outras substituições podem alterar o resultado final (textura, sabor ou cor), por isso é importante fazer testes e adaptar a receita caso necessário.

14- Não consumo lactose. Posso substituir a manteiga ou a margarina das receitas de biscoitos ou cookies?

Sim, pode substituir por manteiga/margarina zero lactose ou manteiga vegana. Caso opte por óleos vegetais, como óleo de coco ou óleo de soja, lembre-se que dependendo da receita, essas ou quaisquer outras substituições podem alterar o resultado final nem que minimamente, por isso é importante fazer testes e adaptar a receita caso necessário

15- Como armazenar os biscoitos e os cookies sem glúten? Qual a durabilidade?

Depois de assados e frios, armazene os biscoitos ou cookies em potes de vidro, recipientes herméticos, embalagens com tampa, plásticos comuns ou próprios para congelamento, latas para biscoitos etc.

- Fora da geladeira, em local fresco e arejado: 30 dias.
- Freezer: 3 meses.

DICAS

- Opte por farinhas (principalmente a farinha de arroz) com granulometria bem fina, pois proporcionam melhores resultados nas preparações sem glúten. Caso a farinha de arroz ou qualquer outra farinha sem glúten esteja com um aspecto arenoso/grossa, o resultado final pode sofrer alteração na textura, na aparência, no sabor e no crescimento. Ex.: faça o teste passando a farinha de arroz em uma peneira. Se perceber que a textura ficar mais próxima à do fubá, significa que essa farinha pode prejudicar a textura de suas preparações sem glúten.
- Fique atento(a) aos seguintes fatores que podem interferir no resultado final de seus bolos, cookies e biscoitos sem glúten:

» Qualidade ou granulometria das farinhas utilizadas.

» Marca ou lote das farinhas utilizadas.

» Forno desregulado.

» Substituição de ingredientes.

» Não pesar ou medir incorretamente os ingredientes.

Portanto, se mesmo seguindo a receita à risca você notar resultados diferentes ou insatisfatórios, saiba que existe uma série de fatores que podem ocasionar isso. Para descobrir e solucionar o problema devemos sempre analisar o resultado final e descartar hipóteses por meio de testes.

ÍNDICE DE RECEITAS

ALFAJOR

Rendimento: 7 unidades

Ingredientes – Bolacha

- 60 g manteiga sem sal em temperatura ambiente ou amolecida
- 40 g açúcar
- 1/2 colher chá de essência de baunilha
- 50 g farinha de arroz
- 50 g amido de milho

Tamanho do cortador redondo: 5 cm de diâmetro

Tamanho da assadeira/forma retangular: 32 cm de comprimento x 22 cm largura x 5 cm de altura

Ingredientes – Recheio e cobertura

- Doce de leite
- 150 a 200 g chocolate meio amargo fracionado

Modo de preparo

1. Bolacha: em uma tigela, use um fuê para bater bem a manteiga com o açúcar e a essência de baunilha. Bata até formar um creme aerado. Depois acrescente o restante dos ingredientes secos e misture.
2. Abra a massa entre dois plásticos e corte as bolachas. Coloque-as em uma assadeira com papel manteiga.
3. Asse em forno preaquecido a 180°C ou 200°C (depende do tipo e da potência de cada forno) por cerca de 15 minutos.
4. Tire suas bolachas do forno quando ficarem levemente douradas em baixo e nas bordas.
5. Espere pelo menos amornarem para desgrudar do papel manteiga.
6. Coloque-as sobre uma grade para esfriarem por completo.
7. Recheio e cobertura: recheie as bolachas com doce de leite e depois banhe no chocolate meio amargo fracionado derretido (derreta no micro-ondas de 30 em 30 segundos ou em banho maria). Leve à geladeira por alguns minutos ou até todo o chocolate secar completamente.
8. Sirva os alfajores gelados ou em temperatura ambiente.

BANOFFEE

Ingredientes – Massa

- 180 g farinha de arroz
- 10 g polvilho doce
- 50 g açúcar
- 1 pitada de sal
- 1 colher chá de fermento químico em pó
- 50 g margarina ou manteiga gelada
- 1 ovo
- 100 g creme de leite

Tamanho da forma com fundo removível: 22 cm de diâmetro x 3 cm de altura

Ingredientes – Recheio e cobertura

- 400 g doce de leite (1 pote)
- Bananas maduras cortadas em rodelas
- 300 g nata gelada (1 pote)
- 3 colheres sopa de açúcar
- Canela em pó (decoração)

Modo de preparo

1. Massa: em uma tigela, faça a mistura dos ingredientes secos e acrescente a margarina gelada. Misture até virar uma farofa e em seguida adicione o ovo e o creme de leite. Vá mexendo tudo até dar ponto e formar uma massa lisa e uniforme.

2. Abra a massa em uma forma redonda com fundo removível e faça furos na base com o auxílio de um garfo.

3. Asse em forno preaquecido a 180 °C ou 200 °C (depende do tipo e da potência de cada forno) por cerca de 25 minutos ou até as bordas da massa ficarem levemente douradas. Espere esfriar.

4. Recheio: espalhe o doce de leite sobre o fundo da torta e encaixe as bananas maduras cortadas em rodelas por cima.

5. Cobertura: em uma tigela, bata a nata gelada com o açúcar até formar um creme aerado. Transfira essa cobertura para um saco plástico resistente com um bico de confeitar (bico pitanga) já encaixado nele e em seguida faça picos até cobrir totalmente a torta.

6. Polvilhe canela em pó sobre a banoffee e leve à geladeira para gelar por no mínimo 2 horas. Desenforme e sirva a sobremesa gelada.

BEM-CASADO

Rendimento: 20 unidades

Ingredientes – Massa

- 5 ovos
- 110 g açúcar
- 1 colher chá de essência de baunilha
- 40 g polvilho doce
- 180 g farinha de arroz
- 200 ml leite
- 1 colher chá de fermento químico em pó
- 100 ml óleo

Ingredientes – Recheio e embalagem

- Doce de leite a gosto
- Açúcar de confeiteiro ou açúcar gelado
- Celofane para bem-casados
- Papel crepom para bem-casados na cor pink ou na cor de sua preferência
- Fita para bem-casados na cor branca ou na cor de sua preferência

Tamanho da forma retangular: 43 cm de comprimento x 30 cm de largura x 5 cm de altura

Tamanho do cortador quadrado: 5 cm x 5 cm

Modo de preparo

1. Massa: em uma batedeira ou tigela, bata os ovos com o açúcar até formar um creme volumoso esbranquiçado.
2. Adicione a essência de baunilha e o polvilho doce. Bata novamente, em velocidade baixa. Depois, vá alternando a farinha de arroz com o leite e continue batendo em velocidade baixa. Por último, acrescente o fermento químico em pó e o óleo. Misture até formar uma massa homogênea.
3. Em uma forma retangular forrada com papel manteiga ou papel toalha, despeje a massa e asse em forno preaquecido a 180 °C ou 200 °C (depende do tipo e da potência de cada forno) por cerca de 25 minutos.
4. Recheio e embalagem: espere a massa esfriar e corte quadrados (5 cm x 5 cm) com o cortador. Junte dois quadrados com o recheio de doce de leite e em seguida passe no açúcar de confeiteiro para revestir toda a superfície do bem-casado.
5. Embrulhe cada um, primeiro com celofane e depois com papel crepom. Feche a embalagem com uma fita, formando um laço no meio.

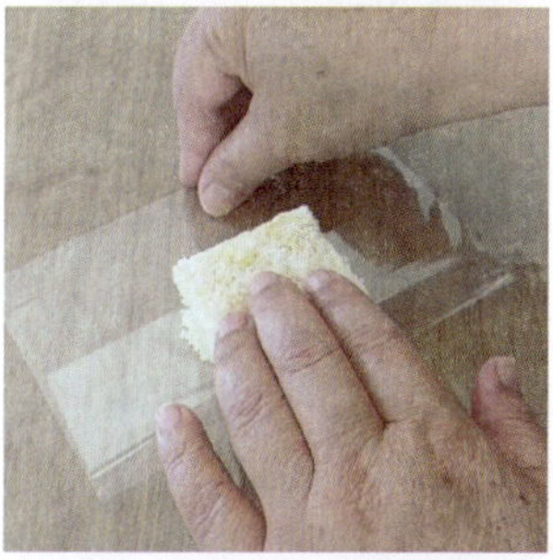

BISCOITO AMANTEIGADO

Rendimento: 16 unidades

Ingredientes

- 50 g manteiga sem sal amolecida
- 40 g açúcar de confeiteiro
- 1 gema de ovo grande (20 g)
- 1/2 colher chá de essência de baunilha
- 100 g farinha de arroz
- 20 g farinha de amêndoas

Tamanho do cortador redondo: aro 5 cm de diâmetro

Tamanho da assadeira/forma retangular: 32 cm de comprimento x 22 cm largura x 5 cm de altura

Modo de preparo

1. Em uma tigela, use um fuê para bater bem a manteiga com o açúcar de confeiteiro, a gema de ovo e a essência de baunilha. Bata até formar um creme aerado. Depois, acrescente o restante dos ingredientes secos e misture.
2. Abra a massa entre dois plásticos e leve ao freezer por 30 minutos ou pelo menos até firmar.
3. Em seguida, corte os biscoitos e coloque-os em uma assadeira forrada com papel manteiga.
4. Asse em forno preaquecido a 180 °C ou 200 °C (depende do tipo e da potência de cada forno) por cerca de 15 minutos.
5. Tire os biscoitos do forno quando ficarem levemente dourados embaixo e nas bordas.
6. Espere pelo menos amornarem para desgrudar do papel manteiga.
7. Deixe esfriarem por completo antes de armazenar.

BISCOITO AMANTEIGADO DE CAFÉ

Rendimento: 12 unidades

Ingredientes

- 50 g manteiga sem sal amolecida
- 40 g açúcar
- 1 gema de ovo
- 2 g café solúvel
- 1 colher chá de água quente
- 100 g farinha de arroz
- 20 g farinha de amêndoas
- 1 pitada de sal

Tamanho do cortador redondo: aro 6 cm de diâmetro

Tamanho da assadeira/forma retangular: 32 cm de comprimento x 22 cm largura x 5 cm de altura

Modo de preparo

1. Em uma tigela, use um fuê para bater bem a manteiga com o açúcar, a gema de ovo e o café solúvel diluído na água quente. Bata até formar um creme aerado. Depois, acrescente o restante dos ingredientes secos e misture.
2. Abra a massa entre dois plásticos e leve ao freezer por 30 minutos ou pelo menos até firmar.
3. Em seguida, corte os biscoitos e coloque-os em uma assadeira forrada com papel manteiga.
4. Asse em forno preaquecido a 180 °C ou 200 °C (depende do tipo e da potência de cada forno) por cerca de 15 minutos.
5. Tire os biscoitos do forno quando ficarem levemente dourados embaixo e nas bordas.
6. Espere pelo menos amornarem para desgrudar do papel manteiga.
7. Coloque-os sobre uma grade para esfriarem por completo antes de armazenar.

BISCOITO AMANTEIGADO DE CHOCOLATE

Rendimento: 11 a 12 unidades

Ingredientes

- 50 g manteiga sem sal amolecida
- 40 g açúcar
- 1 gema de ovo
- 1 colher chá de essência de baunilha
- 80 g farinha de arroz
- 20 g farinha de amêndoas
- 10 g chocolate em pó (50% cacau) ou cacau em pó 100%
- 1 pitada de sal

Tamanho do cortador redondo: aro 6 cm de diâmetro

Tamanho da assadeira/forma retangular: 32 cm de comprimento x 22 cm largura x 5 cm de altura

Modo de preparo

1. Em uma tigela, use um fuê para bater bem a manteiga com o açúcar, a gema de ovo e a essência de baunilha. Bata até formar um creme aerado. Depois, acrescente o restante dos ingredientes secos e misture.
2. Abra a massa entre dois plásticos e leve ao freezer por 30 minutos ou pelo menos até firmar.
3. Em seguida, corte os biscoitos e coloque-os em uma assadeira forrada com papel manteiga.
4. Asse em forno preaquecido a 180 °C ou 200 °C (depende do tipo e da potência de cada forno) por cerca de 15 minutos.
5. Tire os biscoitos do forno quando ficarem levemente dourados embaixo e nas bordas.
6. Espere pelo menos amornarem para desgrudar do papel manteiga.
7. Coloque-os sobre uma grade para esfriarem por completo antes de armazenar.

BISCOITO AMANTEIGADO DE COCO

Rendimento: 15 unidades

Ingredientes

- 50 g manteiga sem sal amolecida
- 40 g açúcar
- 1 gema de ovo
- 20 ml leite de coco
- 20 g coco ralado fino
- 110 g farinha de arroz

Tamanho do cortador quadrado: 5 cm x 5 cm

Tamanho da assadeira/forma retangular: 32 cm de comprimento x 22 cm largura x 5 cm de altura

* À parte: 80 g a 100 g de chocolate meio amargo fracionado e um pouco de coco ralado fino (decoração).

Modo de preparo

1. Em uma tigela, use um fuê para bater bem a manteiga com o açúcar, a gema de ovo e o leite de coco. Bata até formar um creme aerado. Depois, acrescente coco ralado fino e a farinha de arroz.
2. Abra a massa entre dois plásticos e leve ao freezer por 30 minutos ou pelo menos até firmar.
3. Em seguida, corte os biscoitos e coloque-os em uma assadeira forrada com papel manteiga.
4. Asse em forno preaquecido a 180 °C ou 200 °C (depende do tipo e da potência de cada forno) por cerca de 15 minutos.
5. Tire os biscoitos do forno quando ficarem levemente dourados embaixo e nas bordas.
6. Espere pelo menos amornarem para desgrudar do papel manteiga.
7. Para decorar, banhe metade de cada biscoito no chocolate meio amargo fracionado derretido (derreta no micro-ondas de 30 em 30 segundos ou em banho-maria) e finalize com um pouco de coco ralado fino por cima.
8. Coloque-os sobre uma grade para esfriarem por completo antes de armazenar.

BISCOITO AMANTEIGADO DE LARANJA

Rendimento: 12 unidades

Ingredientes

- 50 g margarina gelada ou manteiga amolecida
- 40 g açúcar
- 1 colher chá de raspas de laranja
- 1 gema de ovo
- 5 gotas de essência de laranja ou a gosto
- 100 g farinha de arroz

Tamanho do cortador quadrado: 5 cm x 5 cm

Tamanho da assadeira/forma retangular: 32 cm de comprimento x 22 cm largura x 5 cm de altura

Modo de preparo

1. Em uma tigela, use um fuê para bater bem a margarina com o açúcar, as raspas de laranja, a gema de ovo e a essência de laranja. Bata até formar um creme aerado. Depois, acrescente a farinha de arroz e misture.
2. Abra a massa entre dois plásticos e leve ao freezer por 30 minutos ou pelo menos até firmar.
3. Em seguida, corte os biscoitos e coloque-os em uma assadeira forrada com papel manteiga.
4. Asse em forno preaquecido a 180 °C ou 200 °C (depende do tipo e da potência de cada forno) por cerca de 15 minutos.
5. Tire os biscoitos do forno quando ficarem levemente dourados embaixo e nas bordas.
6. Espere pelo menos amornarem para desgrudar do papel manteiga.
7. Coloque-os sobre uma grade para esfriarem por completo antes de armazenar.

BISCOITO AMANTEIGADO DE LIMÃO

Rendimento: 16 unidades

Ingredientes – Massa

- 50 g manteiga sem sal amolecida
- 40 g açúcar
- 1 gema de ovo
- Raspas de 1/2 limão taiti pequeno
- 100 g farinha de arroz

Ingredientes – Cobertura (opcional)

- 50 g açúcar de confeiteiro
- 1/2 limão taiti pequeno espremido
- Raspas de 1/2 limão para decorar

Tamanho do cortador redondo: aro 5 cm de diâmetro

Tamanho da assadeira/forma retangular: 32 cm de comprimento x 22 cm largura x 5 cm de altura

Modo de preparo

1. Massa: em uma tigela, use um fuê para bater bem a manteiga com o açúcar, a gema de ovo e as raspas de limão. Bata até formar um creme aerado. Depois, acrescente a farinha de arroz e misture.
2. Abra a massa entre dois plásticos e leve ao freezer por 30 minutos ou pelo menos até firmar.
3. Em seguida, corte os biscoitos e coloque-os em uma assadeira forrada com papel manteiga.
4. Asse em forno preaquecido a 180 °C ou 200 °C (depende do tipo e da potência de cada forno) por cerca de 15 minutos.
5. Tire os biscoitos do forno quando ficarem levemente dourados embaixo e nas bordas.
6. Espere pelo menos amornarem para desgrudar do papel manteiga.
7. Cobertura: em um recipiente, misture o açúcar de confeiteiro com o suco do limão (se necessário, acrescente mais água ou limão para dar ponto) e passe na superfície de cada biscoito. Decore com raspas de limão por cima.
8. Coloque-os sobre uma grade para esfriarem por completo antes de armazenar.

BISCOITO AMANTEIGADO SIMPLES

Rendimento: 10 a 11 unidades

Ingredientes

- 50 g manteiga sem sal amolecida
- 40 g açúcar
- 1 gema de ovo
- 100 g farinha de arroz

Tamanho do cortador redondo: aro 6 cm de diâmetro

Tamanho da assadeira/forma retangular: 32 cm de comprimento x 22 cm largura x 5 cm de altura

Modo de preparo

1. Em uma tigela, use um fuê para bater bem a manteiga com o açúcar e a gema de ovo. Bata até formar um creme aerado. Depois, acrescente a farinha de arroz.
2. Abra a massa entre dois plásticos e leve ao freezer por 30 minutos ou pelo menos até firmar.
3. Em seguida, corte os biscoitos e coloque-os em uma assadeira forrada com papel manteiga.
4. Asse em forno preaquecido a 180 °C ou 200 °C (depende do tipo e da potência de cada forno) por cerca de 15 minutos.
5. Tire os biscoitos do forno quando ficarem levemente dourados embaixo e nas bordas.
6. Espere amornarem para desgrudar do papel manteiga.
7. Coloque-os sobre uma grade para esfriarem por completo antes de armazenar.

BISCOITO CHAMPANHE

Rendimento: 13 a 14 unidades

Ingredientes – Mistura dos secos

- 50 g farinha de arroz
- 20 g farinha de amêndoas
- 20 g amido de milho
- 1 g goma xantana (1/4 colher de chá)
- 1 g fermento químico em pó (1/4 colher de chá)

Ingredientes – Merengue

- 2 claras de ovo (75 g)
- 30 g açúcar

Ingredientes – Gema adoçada

- 2 gemas de ovo (35 g)
- 30 g açúcar

* À parte: um pouco de açúcar refinado ou cristal para polvilhar em cima dos biscoitos.

Tamanho da assadeira/forma retangular: 43 cm de comprimento x 30 cm de largura x 5 cm de altura

Modo de preparo

1. Mistura dos secos: em uma tigela, faça a mistura dos ingredientes secos e reserve.
2. Merengue: em outra tigela, bata as claras com os 30 g de açúcar até o ponto merengue e reserve.
3. Gema adoçada: depois, em uma tigela separada, repita o processo com as gemas mais os outros 30 g de açúcar e bata até formar um creme claro amarelado.
4. Comece adicionando um pouco da mistura dos ingredientes secos e vá intercalando com o merengue, misturando tudo delicadamente.
5. Transfira a massa para um saco plástico com a ponta cortada e faça o formato dos biscoitos em uma assadeira forrada com papel antiaderente (lado brilhante para cima), assim os biscoitos não grudam e saem lisinhos na parte de baixo.
6. Lembre-se de deixar um espaço entre os biscoitos para assarem e pegarem cor por igual. Polvilhe açúcar refinado ou cristal sobre eles.
7. Asse em forno preaquecido a 180 °C ou 200 °C (depende do tipo e da potência de cada forno) por cerca de 20 minutos na grade de cima.
8. O ponto ideal é até a superfície dos biscoitos ficarem firmes ao toque. Tire os biscoitos do forno quando ficarem levemente dourados embaixo e nas bordas.
9. Espere pelo menos amornarem para desgrudar do papel antiaderente.
10. Coloque-os sobre uma grade para esfriarem por completo antes de armazenar.

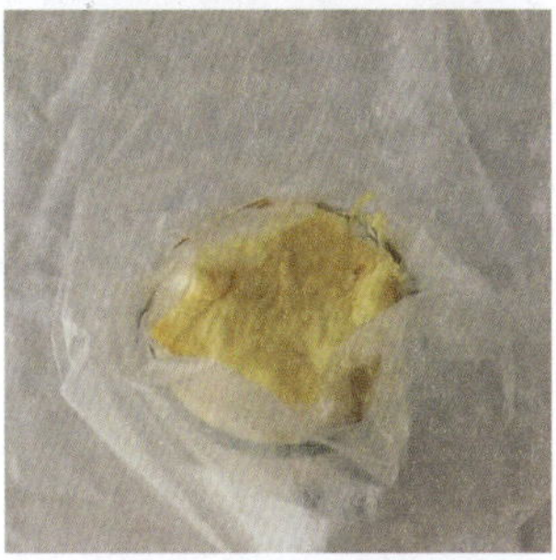

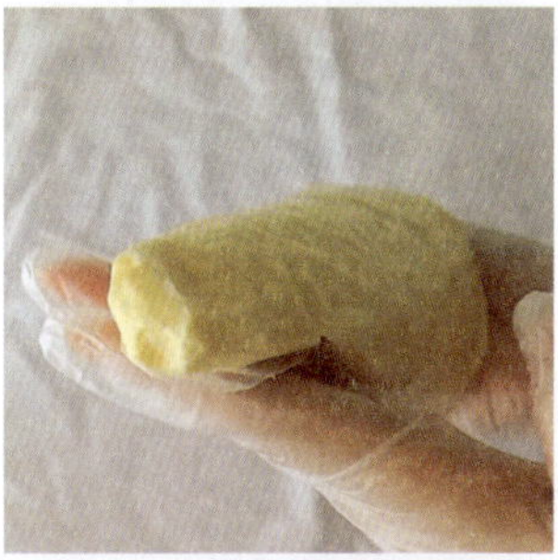

BISCOITO CHOCOTTONE

Rendimento: 23 unidades

Ingredientes

- 100 g farinha de arroz
- 25 g farinha de amêndoas
- 40 g açúcar
- 1 pitada de sal
- 30 g gotas de chocolate
- 40 g ovo caipira batido (quase 1 ovo pequeno)
- 1 colher chá de essência panetone
- 25 ml óleo

Tamanho do cortador redondo: aro 5 cm de diâmetro

Tamanho da assadeira/forma retangular: 39 cm de comprimento x 27 cm de largura x 5 cm de altura

Modo de preparo

1. Em uma tigela, misture os ingredientes secos e as gotas de chocolate. Em seguida, adicione o ovo batido, a essência de panettone e o óleo.
2. Abra a massa entre dois plásticos. Corte os biscoitos e coloque-os em uma assadeira forrada com papel manteiga.
3. Asse em forno preaquecido a 180 °C ou 200 °C (depende do tipo e da potência de cada forno) por cerca de 15 minutos.
4. Tire os biscoitos do forno quando ficarem levemente dourados embaixo e nas bordas.
5. Espere pelo menos amornarem para desgrudar do papel manteiga.
6. Coloque-os sobre uma grade para esfriarem por completo antes de armazenar.

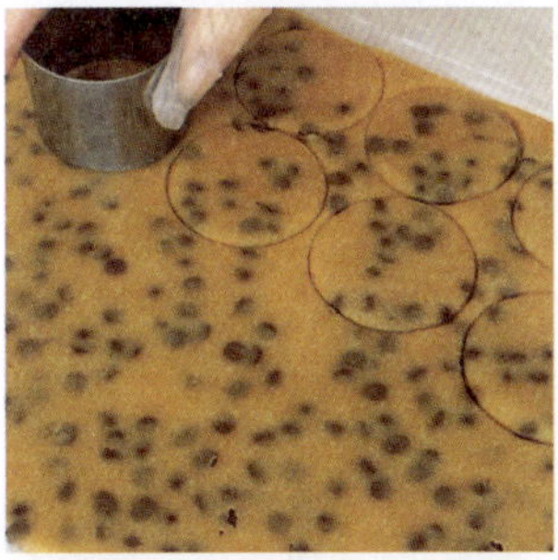

BISCOITO CINNAMON ROLLS

Ingredientes – Massa

- 50 g manteiga sem sal amolecida
- 40 g açúcar
- 1 gema de ovo
- 100 g farinha de arroz

Ingredientes – Recheio

- 3 g canela em pó (1 colher chá)
- 10 g açúcar
- 15 g castanha-do-pará picada
- Clara de ovo batida para pincelar

Ingredientes – Cobertura

- 30 g açúcar de confeiteiro
- 3 colheres café de água

Tamanho da assadeira/forma retangular: 32 cm de comprimento x 22 cm largura x 5 cm de altura

Modo de preparo

1. Massa: em uma tigela, use um fuê para bater bem a manteiga com o açúcar e a gema de ovo. Bata até formar um creme aerado. Depois, acrescente a farinha de arroz e misture.

2. Abra a massa quadrada (18 x 18 cm) entre dois plásticos. Recheio: em uma vasilha, misture a canela em pó, o açúcar, a castanha-do-pará picada e reserve.

3. Pincele a superfície da massa com clara de ovo batida para grudar a mistura dos ingredientes do recheio reservado anteriormente.

4. Após espalhar todo o recheio sobre a superfície, enrole a massa como um rocambole e envolva-o com o mesmo plástico utilizado anteriormente para abrir a massa. Leve ao freezer por 30 minutos ou pelo menos até firmar.

5. Em seguida, corte os biscoitos (aproximadamente 1 cm de espessura) e coloque-os em uma assadeira forrada com papel manteiga. Se preferir, após cortar os biscoitos, abra mais a massa com o auxílio de um rolo para ficarem com espessura mais fina.

6. Asse em forno preaquecido a 180 °C ou 200 °C (depende do tipo e da potência de cada forno) por cerca de 15 minutos.

7. Tire os biscoitos do forno quando ficarem levemente dourados embaixo e nas bordas.

8. Espere pelo menos amornarem para desgrudar do papel manteiga.

9. Cobertura: em uma vasilha, misture o açúcar de confeiteiro com a água e decore os biscoitos.

10. Coloque-os sobre uma grade para esfriarem por completo antes de armazenar.

BISCOITO DE AMÊNDOAS

Rendimento: 20 unidades

Ingredientes

- 100 g farinha de arroz
- 30 g farinha de amêndoas
- 45 g açúcar
- 1 pitada de sal
- 40 g ovo (quase 1 ovo pequeno)
- 30 ml óleo

Tamanho do cortador redondo: 5 cm de diâmetro

Tamanho da assadeira/forma retangular: 39 cm de comprimento x 27 cm de largura x 5 cm de altura

Modo de preparo

1. Em uma tigela, misture os ingredientes secos. Em seguida, adicione o ovo batido e o óleo.
2. Abra a massa entre dois plásticos. Corte os biscoitos e coloque-os em uma assadeira forrada com papel manteiga.
3. Asse em forno preaquecido a 180 °C ou 200 °C (depende do tipo e da potência de cada forno) por cerca de 15 minutos.
4. Tire os biscoitos do forno quando ficarem levemente dourados embaixo e nas bordas.
5. Espere pelo menos amornarem para desgrudar do papel manteiga.
6. Deixe esfriarem por completo antes de armazenar.

BISCOITO DE AMENDOIM

Rendimento: 11 unidades

Ingredientes

- 80 g farinha de arroz
- 50 g farinha de amendoim
- 40 g açúcar
- 1 pitada de sal
- 1 g fermento químico em pó (1/4 colher de chá)
- 40 g ovo batido (quase 1 ovo pequeno)
- 25 ml óleo

Tamanho do cortador redondo: aro 6 cm de diâmetro

Tamanho da assadeira/forma retangular: 32 cm de comprimento x 22 cm largura x 5 cm de altura

* À parte: 100 g chocolate meio amargo fracionado (decoração).

Modo de preparo

1. Em uma tigela, misture os ingredientes secos. Em seguida, adicione o ovo batido e o óleo.
2. Abra a massa entre dois plásticos. Corte os biscoitos e coloque-os em uma assadeira forrada com papel manteiga.
3. Asse em forno preaquecido a 180 °C ou 200 °C (depende do tipo e da potência de cada forno) por cerca de 20 minutos.
4. Tire os biscoitos do forno quando ficarem levemente dourados embaixo e nas bordas.
5. Espere pelo menos amornarem para desgrudar do papel manteiga.
6. Para decorar, banhe metade de cada biscoito no chocolate meio amargo fracionado derretido (derreta no micro-ondas de 30 em 30 segundos ou em banho-maria). Leve à geladeira por alguns minutos ou até todo o chocolate secar completamente.
7. Deixe esfriarem por completo antes de armazenar.

BISCOITO DE AVEIA

Rendimento: 15 a 16 unidades

Ingredientes

- 60 g farinha de arroz
- 50 g farinha de aveia
- 40 g açúcar
- 2 g fermento químico em pó (1/2 colher de chá)
- 25 ml óleo
- 25 ml água morna ou até dar ponto

Tamanho do cortador em formato de urso: 5 cm de diâmetro (sem contar as orelhas)

Tamanho da assadeira/forma retangular: 32 cm de comprimento x 22 cm largura x 5 cm de altura

Modo de preparo

1. Em uma tigela, misture os ingredientes secos. Em seguida, adicione o óleo e a água morna aos poucos até dar ponto.
2. Abra a massa entre dois plásticos. Corte os biscoitos e coloque-os em uma assadeira forrada com papel manteiga.
3. Asse em forno preaquecido a 180 °C ou 200 °C (depende do tipo e da potência de cada forno) por cerca de 20 minutos.
4. Tire os biscoitos do forno quando ficarem levemente dourados embaixo e nas bordas.
5. Espere pelo menos amornarem para desgrudar do papel manteiga.
6. Coloque-os sobre uma grade para esfriarem por completo antes de armazenar.

BISCOITO DE AVEIA E CHOCOLATE

Rendimento: 15 unidades

Ingredientes

- 60 g farinha de arroz
- 50 g farinha de aveia
- 10 g cacau em pó 100% ou chocolate em pó (50% cacau)
- 45 g açúcar
- 2 g fermento químico em pó (1/2 colher de chá)
- 25 ml óleo
- 30 a 50 ml água morna ou até dar ponto

* À parte: um pouco de aveia em flocos grossos para grudar em cima dos biscoitos (decoração).

Tamanho do cortador quadrado: 5 cm x 5 cm

Tamanho da assadeira/forma retangular: 32 cm de comprimento x 22 cm largura x 5 cm de altura

Modo de preparo

1. Em uma tigela, misture os ingredientes secos. Em seguida, adicione o óleo e a água aos poucos até dar ponto.
2. Abra a massa entre dois plásticos e decore grudando aveia em flocos grossos por cima. Corte os biscoitos e coloque-os em uma assadeira forrada com papel manteiga.
3. Asse em forno preaquecido a 180 °C ou 200 °C (depende do tipo e da potência de cada forno) por cerca de 20 minutos.
4. Tire os biscoitos do forno quando ficarem levemente dourados embaixo.
5. Espere pelo menos amornarem para desgrudar do papel manteiga.
6. Coloque-os sobre uma grade para esfriarem por completo antes de armazenar.

BISCOITO DE GENGIBRE DE NATAL

Rendimento: 8 unidades

Ingredientes

- 90 g farinha de arroz
- 30 g farinha de amêndoas
- 25 g açúcar
- 4 g gengibre em pó (2 colheres de chá)
- 0,5 g canela em pó (1/4 colher de chá)
- 1 g fermento químico em pó (1/4 colher de chá)
- 25 g ovo caipira ou normal batido (1/2 ovo)
- 20 ml óleo
- 20 g mel

Tamanho do cortador em formato de boneco: 8,5 cm de comprimento (da cabeça aos pés)

Tamanho da assadeira/forma retangular: 32 cm de comprimento x 22 cm de largura x 5 cm de altura

* À parte: chocolate branco fracionado derretido para desenhar nos biscoitos e gotas de chocolate (decoração).

Modo de preparo

1. Em uma tigela, misture os ingredientes secos. Em seguida, adicione o ovo batido, o óleo e o mel.
2. Abra a massa entre dois plásticos. Corte os biscoitos e coloque-os em uma assadeira forrada com papel manteiga.
3. Asse em forno preaquecido a 180 °C ou 200 °C (depende do tipo e da potência de cada forno) por cerca de 15 minutos.
4. Tire os biscoitos do forno quando ficarem levemente dourados embaixo e nas bordas.
5. Espere pelo menos amornarem para desgrudar do papel manteiga.
6. Coloque-os sobre uma grade para esfriarem por completo.
7. Para decorar, derreta o chocolate branco fracionado de 30 em 30 segundos no micro-ondas ou em banho-maria. Com o chocolate branco já derretido, desenhe nos biscoitos e decore a gosto com gotas de chocolate.

BISCOITO DE GERGELIM

Rendimento: 15 unidades

Ingredientes

- 90 g farinha de arroz
- 40 g gergelim branco triturado
- 45 g açúcar
- 1 pitada de sal
- 40 g ovo (quase 1 ovo pequeno)
- 25 ml óleo

Tamanho do cortador quadrado: 5 cm x 5 cm

Tamanho da assadeira/forma retangular: 39 cm de comprimento x 27 cm de largura x 5 cm de altura

Modo de preparo

1. Em uma tigela, misture os ingredientes secos. Em seguida, adicione o ovo batido e o óleo.
2. Abra a massa entre dois plásticos. Corte os biscoitos e coloque-os em uma assadeira forrada com papel alumínio ou papel manteiga.
3. Asse em forno preaquecido a 180 °C ou 200 °C (depende do tipo e da potência de cada forno) por cerca de 15 minutos.
4. Tire os biscoitos do forno quando ficarem levemente dourados embaixo e nas bordas.
5. Espere pelo menos amornarem para desgrudar do papel alumínio ou papel manteiga.
6. Deixe esfriarem por completo antes de armazenar.

BISCOITO DE NATA

Rendimento: mais de 125 unidades tamanho pequeno (duas fornadas e meia)

Ingredientes

- 30 g manteiga amolecida sem sal
- 80 g açúcar
- 1/2 colher chá de essência de baunilha
- 100 g nata
- 100 g amido de milho
- 70 g farinha de arroz

Tamanho da assadeira/forma retangular: 32 cm de comprimento x 22 cm largura x 5 cm de altura

Modo de preparo

1. Em uma tigela, use um fuê para bater bem a manteiga com o açúcar e a essência de baunilha. Bata até formar um creme aerado. Em seguida, adicione a nata e bata novamente. Depois, acrescente o restante dos ingredientes secos e misture. Se a massa ficar muito consistente, aqueça no micro-ondas por 15 segundos para dar uma leve amolecida.

2. Transfira a massa para um saco plástico resistente com um bico de confeitar já encaixado nele. Faça os biscoitos no formato desejado em uma assadeira (pode forrar com papel antiaderente ou papel manteiga) e leve ao freezer por 30 minutos até endurecerem.

3. Asse em forno preaquecido a 180 °C ou 200 °C (depende do tipo e da potência de cada forno) por cerca de 20 minutos.
4. Tire os biscoitos do forno quando ficarem levemente dourados embaixo.

5. Espere pelo menos amornarem para desgrudar do papel antiaderente ou papel manteiga.
6. Deixe esfriarem por completo antes de armazenar.

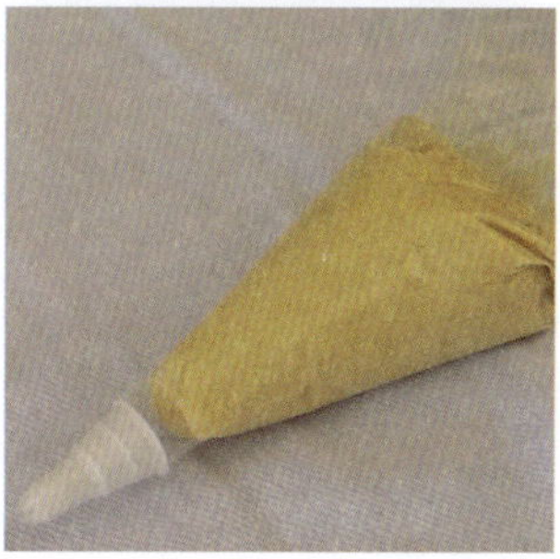

BISCOITO DE NATA E CHOCOLATE

Rendimento: 58 unidades

Ingredientes

- 30 g manteiga sem sal amolecida
- 80 g açúcar
- 1 colher chá de essência de baunilha
- 100 g nata
- 90 g amido de milho
- 10 g chocolate em pó (50% cacau) ou cacau em pó 100%
- 70 g farinha de arroz

Tamanho da assadeira/forma retangular: 43 cm de comprimento x 30 cm de largura x 5 cm de altura

Modo de preparo

1. Em uma tigela, use um fuê para bater bem a manteiga com o açúcar e a essência de baunilha. Bata até formar um creme aerado. Em seguida, adicione a nata e bata novamente. Depois, acrescente o restante dos ingredientes secos e misture. Se a massa ficar muito consistente, aqueça no micro-ondas por 15 segundos para dar uma leve amolecida.

2. Transfira a massa para um saco plástico resistente com um bico de confeitar já encaixado nele. Faça os biscoitos no formato desejado em uma assadeira forrada com papel antiaderente ou papel manteiga e leve ao freezer por 30 minutos até endurecerem.

3. Asse em forno preaquecido a 180 °C ou 200 °C (depende do tipo e da potência de cada forno) por cerca de 20 minutos.
4. Tire os biscoitos do forno quando ficarem levemente dourados embaixo.
5. Espere pelo menos amornarem para desgrudar do papel antiaderente ou papel manteiga.
6. Deixe esfriarem por completo antes de armazenar.

BISCOITO DE NATAL

Rendimento: 16 a 17 unidades

Ingredientes – Massa

- 100 g farinha de arroz
- 30 g farinha de amêndoas
- 45 g açúcar
- 2 g gengibre em pó (1 colher de chá)
- 1 g canela em pó (1/2 colher de chá)
- 1 g chocolate em pó 50% cacau (1/2 colher de chá) ou cacau em pó 100%
- 40 g ovo (quase 1 ovo pequeno)
- 30 ml óleo

Tamanho do cortador em formato de sino: 7 cm de comprimento (da ponta de cima até a ponta de baixo) x 6,5 de largura (base maior)

Tamanho da assadeira/forma retangular: 39 cm de comprimento x 27 cm de largura x 5 cm de altura

Ingredientes – Cobertura

- 60 g açúcar de confeiteiro
- aproximadamente 1 colher sopa de leite ou água (coloque aos poucos até dar ponto)
- um pouco de açúcar de confeiteiro para polvilhar por cima dos biscoitos

Modo de preparo

1. Massa: em uma tigela, misture os ingredientes secos. Em seguida, adicione o ovo batido e o óleo.

2. Abra a massa entre dois plásticos. Corte os biscoitos e coloque-os em uma assadeira forrada com papel manteiga.

3. Asse em forno preaquecido a 180 °C ou 200 °C (depende do tipo e da potência de cada forno) por cerca de 15 minutos.

4. Tire os biscoitos do forno quando ficarem levemente dourados embaixo e nas bordas.

5. Espere pelo menos amornarem para desgrudar do papel manteiga.

6. Cobertura: misture o açúcar de confeiteiro com o leite ou água até chegar na consistência de fondant firme. Passe na superfície dos biscoitos e espere endurecer. Polvilhe açúcar de confeiteiro no restante dos biscoitos.

7. Coloque-os sobre uma grade para esfriarem por completo antes de armazenar.

BISCOITO SALGADO

Ingredientes

- 90 g farinha de arroz
- 10 g polvilho doce
- 2 g fermento químico em pó (1/2 colher de chá)
- 1 g goma xantana (1/4 colher de chá)
- 15 ml azeite ou óleo
- 1 gema de ovo
- 3 g de sal (1/2 colher de chá) ou a gosto
- 1 pitada de açúcar
- 60 a 70 ml água morna ou até dar ponto

Tamanho da assadeira/forma retangular: 39 cm de comprimento x 27 cm de largura x 5 cm de altura

Modo de preparo

1. Em uma tigela, misture os ingredientes secos e reserve. Numa tigela separada, misture o azeite com a gema de ovo, o sal e o açúcar, depois acrescente a mistura dos secos. Adicione a água morna aos poucos até dar ponto. Se necessário, manipule a massa com um pouco de farinha de arroz, somente para não grudar nas mãos.

2. Abra a massa bem fininha entre dois plásticos. Corte os biscoitos quadrados (3 cm x 3 cm) e coloque-os em uma assadeira (não precisa ser untada nem forrada).

3. Faça furos em cada biscoito com o auxílio de um garfo e leve ao forno.

4. Asse em forno preaquecido a 180 °C ou 200 °C (depende do tipo e da potência de cada forno) por cerca de 20 minutos.

5. Se depois desse tempo os biscoitos ainda estiverem brancos, desligue o forno e deixe lá dentro por mais 5 minutos ou mais.

6. Espere esfriarem por completo antes de armazenar.

BISCOITO SALGADO COM FARINHA DE LINHAÇA

Ingredientes

- 25 g farinha de linhaça dourada
- 50 g polvilho doce
- 50 g amido de milho
- 2 g fermento químico em pó (1/2 colher de chá)
- 2 g sal (1/2 colher de chá rasa)
- 2 g açúcar (1/2 colher de chá)
- 25 g ovo batido (aproximadamente 1/2 ovo)
- 1 colher sopa de óleo ou azeite
- 50 a 60 ml água morna ou até dar ponto

Tamanho da assadeira/forma retangular: 43 cm de comprimento x 30 cm de largura x 5 cm de altura

Modo de preparo

1. Em uma tigela, misture os ingredientes secos. Em seguida, adicione o ovo batido, o óleo e a água morna aos poucos até dar ponto. Se necessário, manipule a massa com um pouco de amido de milho ou polvilho doce, somente para não grudar nas mãos.
2. Abra a massa bem fininha entre dois plásticos. Corte os biscoitos no tamanho desejado e coloque-os em uma assadeira (não precisa ser untada nem forrada).
3. Faça furos em cada biscoito com o auxílio de um garfo e leve ao forno.
4. Asse em forno preaquecido a 180 °C ou 200 °C (depende do tipo e da potência de cada forno) por cerca de 10 minutos na grade de baixo. Depois, vire todos os biscoitos para pegar cor do outro lado e deixe mais 5 minutos dentro do forno ligado.
5. Se depois desse tempo os biscoitos ainda estiverem brancos, desligue o forno e deixe lá dentro por mais 5 minutos ou mais.
6. Espere esfriarem por completo antes de armazenar.

BISCOITO SALGADO SABOR CEBOLA

Ingredientes

- 20 g farinha de linhaça dourada
- 50 g polvilho doce
- 50 g amido de milho (maizena)
- 5 g cebola desidratada triturada
- 1/2 colher chá de salsa desidratada
- 2 g fermento químico em pó (1/2 colher de chá)
- 2 g sal (1/2 colher de chá rasa)
- 25 g ovo batido (aproximadamente 1/2 ovo)
- 1 colher sopa de azeite ou óleo
- 50 a 60 ml água morna

Tamanho do cortador em formato de flor: 4 cm de largura

Tamanho da assadeira/forma retangular: 43 cm de comprimento x 30 cm de largura x 5 cm de altura

Modo de preparo

1. Em uma tigela, misture os ingredientes secos. Em seguida, adicione o ovo batido, o azeite e a água morna aos poucos até dar ponto. Se necessário, manipule a massa com um pouco de amido de milho ou polvilho doce, somente para não grudar nas mãos.
2. Abra a massa bem fininha entre dois plásticos. Corte os biscoitos no tamanho desejado e coloque-os em uma assadeira (não precisa ser untada nem forrada).
3. Asse em forno preaquecido a 180 °C ou 200 °C (depende do tipo e da potência de cada forno) por cerca de 10 minutos na grade de baixo. Depois, vire todos os biscoitos para pegar cor do outro lado e deixe mais 5 minutos dentro do forno ligado.
4. Se depois desse tempo os biscoitos ainda estiverem brancos, desligue o forno e deixe lá dentro por mais 5 minutos ou mais.
5. Espere esfriarem por completo antes de armazenar.

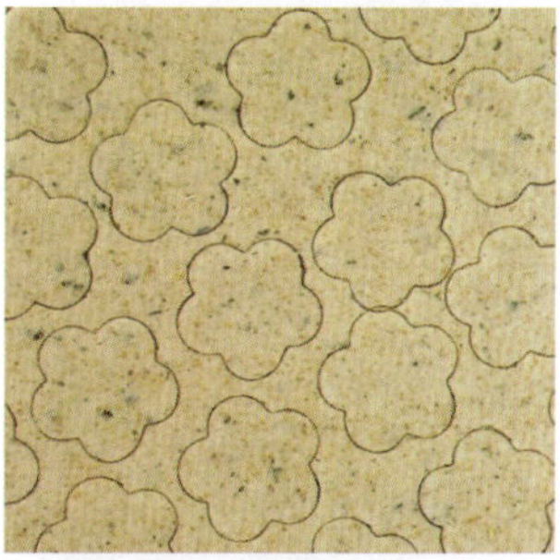

BOLACHA RECHEADA

Rendimento: 11 unidades

Ingredientes – Bolacha

- 60 g farinha de aveia
- 50 g farinha de arroz
- 35 g açúcar
- 1 pitada de sal
- 1 g fermento químico em pó (1/4 colher de chá)
- 25 ml óleo
- 30 a 50 ml água morna ou até dar ponto

Tamanho do cortador quadrado: 4 cm x 4 cm

Tamanho da assadeira/forma retangular: 32 cm de comprimento x 22 cm largura x 5 cm de altura

* Estampa de coração em cima da bolacha: para essa decoração é necessário apenas uma mistura de chocolate em pó (50% cacau) mais um pouco de água e um cortador pequeno em formato de coração.

Ingredientes – Recheio trufado

- 50 g creme de leite
- 200 g chocolate meio amargo fracionado

Modo de preparo

1. Bolacha: em uma tigela, misture os ingredientes secos. Em seguida, adicione o óleo e a água aos poucos até dar ponto.

2. Abra a massa entre dois plásticos. Corte as bolachas e coloque-as em uma assadeira forrada com papel manteiga.

3. Para fazer a estampa de coração passe a mistura do chocolate em pó mais água na borda do cortador pequeno em formato de coração e depois carimbe no centro de cada bolacha.

4. Asse em forno preaquecido a 180 °C ou 200 °C (depende do tipo e da potência de cada forno) por cerca de 20 minutos.

5. Tire as bolachas do forno quando ficarem levemente douradas embaixo e nas bordas.

6. Espere pelo menos amornarem para desgrudar do papel manteiga

7. Recheio trufado: em uma tigela, derreta o chocolate meio amargo fracionado com o creme de leite (derreta no micro-ondas de 30 em 30 segundos ou em banho-maria) e misture. Cubra com um plástico filme e leve à geladeira por aproximadamente 1 hora. Depois, misture a trufa até ficar com uma consistência lisa e homogênea.

8. Transfira o recheio para um saco plástico resistente com um bico de confeitar já encaixado nele e recheie as bolachas. Se quiser a trufa mais firme, leve as bolachas já recheadas para a geladeira.

BOLO COM COCADA CREMOSA

Ingredientes – Massa

- 5 ovos (claras e gemas separadas)
- 100 g açúcar
- 80 ml óleo ou azeite
- 200 ml leite de coco (1 caixinha)
- 50 g polvilho doce
- 150 g farinha de arroz

Tamanho da forma redonda com fundo removível: 20 cm de diâmetro x 7 cm de altura

Ingredientes – Recheio (Cocada Cremosa)

- 395 g leite condensado (1 caixinha)
- 200 g creme de leite (1 caixinha)
- 1 colher sopa de manteiga
- 100 g coco ralado grosso

Ingredientes – Cobertura (Chantilly)

- 400 ml chantilly gelado (2 caixinhas)

Ingredientes – Para regar e decorar o bolo

- 200 ml água + 1 colher sopa de açúcar ou 200 ml água + 2 colheres de sopa de leite condensado
- Coco ralado grosso

Modo de preparo

1. Massa: em uma tigela ou batedeira, bata as claras adicionando o açúcar aos poucos até chegar no ponto merengue e reserve.
2. Em outra tigela, bata as gemas com o óleo e o leite de coco. Depois, adicione o polvilho doce, a farinha de arroz e bata novamente.
3. Por fim, acrescente as claras batidas, incorporando aos poucos até formar uma massa leve e aerada.
4. Em uma forma redonda com fundo removível (não precisa untar), despeje a massa e asse em forno preaquecido a 180 °C ou 200 °C (depende do tipo e da potência de cada forno) por cerca de 40 minutos.

5. Faça o teste do palito espetando o centro da massa. Se sair limpo e sequinho é sinal de que o bolo já está assado. Se sair com um pouco de massa crua significa que o bolo precisa ficar mais tempo no forno.

6. Depois de assada, deixe a massa esfriar ou pelo menos amornar de cabeça para baixo, ainda dentro da forma. Como sugestão, use formas de empadinhas ou copos da mesma altura para apoiar a forma de ponta-cabeça. Passe uma faca nas laterais internas da forma e desenforme o bolo. Em seguida, corte a massa em três camadas.

7. Recheio (Cocada Cremosa): em uma panela, cozinhe o leite condensado com o creme de leite, o coco ralado grosso e a manteiga. Quando começar a ferver, baixe o fogo e continue mexendo por cerca de 5 minutos. Deixe esfriar.
8. Cobertura (Chantilly): em uma tigela, bata o chantilly gelado até virar um creme liso e aerado.
9. Monte o bolo dentro da própria forma da massa, forrada com um plástico, e recheie o bolo usando a cocada cremosa já fria e o chantilly por cima, regando cada camada de massa com a mistura de água com açúcar.
10. Leve o bolo montado para gelar por aproximadamente 5 horas e depois confeite-o com o restante do chantilly usado no recheio. Finalize grudando coco ralado grosso em volta e no topo do bolo.

BOLO COM MERENGUE SUÍÇO

Ingredientes – Massa

- 4 ovos (claras e gemas separadas)
- 80 g açúcar
- 100 ml azeite ou óleo
- 200 ml suco natural de sua preferência ou água
- 100 g farinha de arroz

Tamanho da forma redonda com fundo removível: 18 cm de diâmetro x 10 cm de altura

Ingredientes – Recheio e cobertura (Merengue Suíço)

- 4 claras (ovo tamanho médio)
- 200 g açúcar

Ingredientes – Para regar e decorar o bolo

- Guaraná ou 200 ml água + 1 colher sopa de açúcar
- Suspiros

Modo de preparo

1. Massa: em uma tigela ou batedeira, bata as claras adicionando o açúcar aos poucos até chegar no ponto merengue e reserve.
2. Em outra tigela, bata as gemas com o azeite e o suco natural de sua preferência. Depois, adicione a farinha de arroz e bata novamente.
3. Por fim, acrescente as claras batidas, incorporando aos poucos até formar uma massa leve e aerada.
4. Em uma forma redonda com fundo removível (não precisa untar), despeje a massa e asse em forno preaquecido a 180 °C ou 200 °C (depende do tipo e da potência de cada forno) por cerca de 35 a 40 minutos.
5. Faça o teste do palito espetando o centro da massa. Se sair limpo e sequinho é sinal de que o bolo já está assado. Se sair com um pouco de massa crua significa que o bolo precisa ficar mais tempo no forno.
6. Espere esfriar. Se necessário, vire a forma de cabeça para baixo e deixe o bolo pelo menos amornar nessa posição para evitar que a massa baixe. Passe uma faca nas laterais internas da forma e desenforme o bolo. Corte a massa em três camadas.
7. Recheio e cobertura (Merengue Suíço): em uma panela, misture as claras com o açúcar em fogo baixo até o açúcar derreter completamente ou até chegar à temperatura de aproximadamente 60 °C.
8. Em seguida, despeje ainda quente na batedeira e bata até formar um merengue. Deixe esfriar.
9. Recheie o bolo usando o merengue suíço já frio, regando cada camada de massa com guaraná ou água com açúcar.
10. Confeite o bolo usando o restante do merengue suíço e decore com suspiros.
11. Leve o bolo para gelar por aproximadamente 3 horas e já pode servir.

BOLO COOKIE

Ingredientes

- 5 ovos (claras e gemas separadas)
- 120 g açúcar
- 80 ml óleo
- 200 ml leite
- 1 colher chá de essência de baunilha
- 1 pitada de sal
- 30 g polvilho doce
- 180 g farinha de arroz
- 150 g gotas de chocolate
- Gotas de chocolate para decorar

Tamanho da forma redonda com fundo removível: 20 cm de diâmetro x 7 cm de altura

Modo de preparo

1. Em uma tigela ou batedeira, bata as claras adicionando o açúcar aos poucos até chegar no ponto merengue e reserve.
2. Em outra tigela, bata as gemas com o óleo, o leite, a essência de baunilha e a pitada de sal. Depois, adicione o polvilho doce, a farinha de arroz e bata novamente.
3. Acrescente as claras batidas, incorporando aos poucos até formar uma massa leve e aerada. Por fim, adicione as gotas de chocolate e misture delicadamente.

4. Em uma forma redonda com fundo removível (não precisa untar), despeje a massa e decore a superfície com gotas de chocolate.
5. Asse em forno preaquecido a 180 °C ou 200 °C (depende do tipo e da potência de cada forno) por cerca de 50 minutos.

6. Faça o teste do palito espetando o centro da massa. Se sair limpo e sequinho é sinal de que o bolo já está assado. Se sair com um pouco de massa crua significa que o bolo precisa ficar mais tempo no forno.
7. Depois de assada, deixe a massa esfriar ou pelo menos amornar de cabeça para baixo, ainda dentro da forma. Como sugestão, use formas de empadinhas ou copos da mesma altura para apoiar a forma de ponta-cabeça.

8. Passe uma faca nas laterais internas da forma e desenforme o bolo.

BOLO DE ABACAXI INVERTIDO

Ingredientes – Caramelo

- 1 xícara chá de açúcar (medida da xícara = 240 ml)
- 1/2 xícara de água quente (120 ml)
- 1 abacaxi pérola maduro cortado em rodelas

Ingredientes – Massa

- 4 ovos (claras e gemas separadas)
- 100 g açúcar
- 100 ml óleo
- 200 ml leite
- 120 g farinha de arroz
- 50 g amido de milho
- 30 g polvilho doce

Tamanho da forma retangular: 27 cm de comprimento x 19 cm largura x 5 cm de altura

Modo de preparo

1. Caramelo: em uma panela, aqueça o açúcar em fogo baixo e vá misturando até derreter completamente e formar um caramelo levemente dourado. Em seguida, acrescente a água quente e misture por cerca de 5 minutos (se necessário, desligue o fogo antes e continue misturando).
2. Despeje o caramelo no fundo de uma forma retangular e encaixe as rodelas de abacaxi por cima. Entre os espaços que ficarem descobertos do caramelo, encaixe pedaços menores do abacaxi.
3. Massa: em uma tigela ou batedeira, bata as claras adicionando o açúcar aos poucos até chegar no ponto merengue e reserve.
4. Em outra tigela, bata as gemas com o óleo e o leite. Depois, adicione a farinha de arroz, o amido de milho, o polvilho doce e bata novamente.
5. Por fim, acrescente as claras batidas, incorporando aos poucos até formar uma massa leve e aerada.
6. Despeje a massa na forma previamente preparada com o caramelo e as rodelas de abacaxi. Asse em forno preaquecido a 180 °C ou 200 °C (depende do tipo e da potência de cada forno) por cerca de 35 minutos.
7. Faça o teste do palito espetando o centro da massa. Se sair limpo e sequinho é sinal de que o bolo já está assado. Se sair com um pouco de massa crua significa que o bolo precisa ficar mais tempo no forno.
8. Passe uma faca nas laterais internas da forma e desenforme o bolo ainda quente.

BOLO DE ABÓBORA CABOTIÁ

Ingredientes

- 4 ovos (claras e gemas separadas)
- 110 g açúcar
- 20 g polvilho doce
- 200 g farinha de arroz

No liquidificador

- 150 g abóbora madura crua e picada (cabotiá)
- 100 ml azeite ou óleo
- 200 ml água

Tamanho da forma redonda com furo no meio: 20 cm de diâmetro x 8 cm de altura

Modo de preparo

1. No liquidificador, bata bem a abóbora crua picada com o azeite e a água e reserve.
2. Em uma tigela ou batedeira, bata as claras adicionando o açúcar aos poucos até chegar no ponto merengue e reserve.
3. Em outra tigela, bata as gemas com a abóbora batida reservada anteriormente. Depois, adicione o polvilho doce, a farinha de arroz e bata novamente.
4. Por fim, acrescente as claras batidas, incorporando aos poucos até formar uma massa leve e aerada.
5. Em uma forma redonda com furo no meio, untada e enfarinhada, despeje a massa e asse em forno preaquecido a 180 °C ou 200 °C (depende do tipo e da potência de cada forno) por cerca de 45 a 50 minutos.
6. Faça o teste do palito espetando o centro da massa. Se sair limpo e sequinho é sinal de que o bolo já está assado. Se sair com um pouco de massa crua significa que o bolo precisa ficar mais tempo no forno.

BOLO DE BANANA

Ingredientes

- 4 ovos
- 110 g açúcar
- 40 g polvilho doce
- 200 g farinha de arroz
- 200 ml leite
- 1 colher sobremesa de canela em pó
- 3 bananas bem maduras amassadas
- 1 colher sobremesa rasa de fermento químico em pó
- 100 ml azeite ou óleo

Tamanho da forma redonda com furo no meio: 24 cm de diâmetro x 7 cm de altura

Modo de preparo

1. Em uma batedeira ou tigela, bata os ovos com o açúcar até formar um creme volumoso esbranquiçado.

2. Adicione o polvilho doce e bata novamente, em velocidade baixa. Depois, vá alternando a farinha de arroz com o leite e continue batendo em velocidade baixa. Por último, acrescente a canela em pó, as bananas bem maduras amassadas, o fermento químico em pó e o azeite. Misture até formar uma massa homogênea.

3. Em uma forma redonda com furo no meio, untada com manteiga ou óleo, despeje a massa e asse em forno preaquecido a 180 °C ou 200 °C (depende do tipo e da potência de cada forno) por cerca de 40 minutos.

4. Faça o teste do palito espetando o centro da massa. Se sair limpo e sequinho é sinal de que o bolo já está assado. Se sair com um pouco de massa crua significa que o bolo precisa ficar mais tempo no forno.

BOLO DE BANANA INVERTIDO

Ingredientes – Caramelo

- 1 xícara chá de açúcar (medida da xícara = 240 ml)
- 1/2 xícara de água quente (120 ml)
- 3 a 4 bananas bem maduras cortadas ao meio

Ingredientes – Massa

- 4 ovos (claras e gemas separadas)
- 100 g açúcar
- 100 ml óleo
- 1 colher chá de essência de baunilha
- 200 ml leite
- 150 g farinha de arroz
- 30 g polvilho doce

Tamanho da forma retangular: 27 cm de comprimento x 19 cm largura x 5 cm de altura

Modo de preparo

1. Caramelo: em uma panela, aqueça o açúcar em fogo baixo e vá misturando até derreter completamente e formar um caramelo levemente dourado. Em seguida, acrescente a água quente e misture por cerca de 5 minutos (se necessário, desligue o fogo antes e continue misturando).
2. Despeje o caramelo no fundo de uma forma retangular e encaixe as bananas cortadas ao meio (lado reto da banana para baixo) uma ao lado da outra.
3. Massa: em uma tigela ou batedeira, bata as claras adicionando o açúcar aos poucos até chegar no ponto merengue e reserve.
4. Em outra tigela, bata as gemas com o óleo, a essência de baunilha e o leite. Depois, adicione a farinha de arroz, o polvilho doce e bata novamente.
5. Por fim, acrescente as claras batidas, incorporando aos poucos até formar uma massa leve e aerada.
6. Despeje a massa na forma previamente preparada com o caramelo e as bananas cortadas ao meio. Asse em forno preaquecido a 180 °C ou 200 °C (depende do tipo e da potência de cada forno) por cerca de 40 minutos.
7. Faça o teste do palito espetando o centro da massa. Se sair limpo e sequinho é sinal de que o bolo já está assado. Se sair com um pouco de massa crua significa que o bolo precisa ficar mais tempo no forno.
8. Passe uma faca nas laterais internas da forma e desenforme o bolo ainda quente.

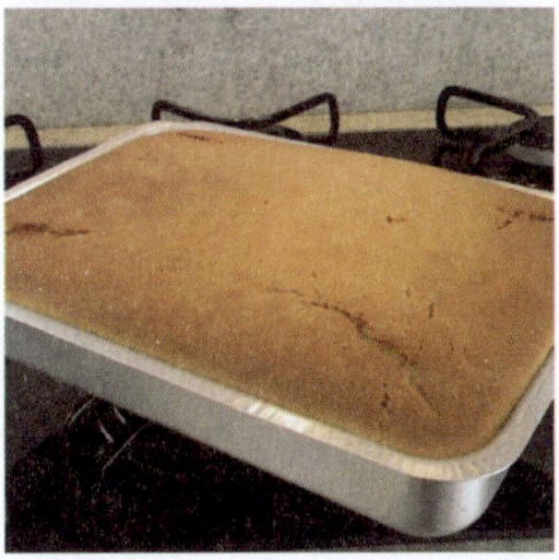

BOLO DE BATATA-DOCE

Ingredientes

- 4 ovos (claras e gemas separadas)
- 130 g açúcar
- 30 g polvilho doce
- 200 g farinha de arroz
- 1 pitada de sal

No liquidificador

- 200 g batata-doce crua picada
- 100 ml óleo
- 200 ml leite

Tamanho da forma redonda com furo no meio: 20 cm de diâmetro x 8 cm de altura

Modo de preparo

1. No liquidificador, bata bem a batata-doce crua picada com o óleo e o leite e reserve.
2. Em uma tigela ou batedeira, bata as claras adicionando o açúcar aos poucos até chegar no ponto merengue e reserve.
3. Em outra tigela, bata as gemas com a batata-doce batida, reservada anteriormente. Depois, adicione o polvilho doce, a farinha de arroz, a pitada de sal e bata novamente.
4. Por fim, acrescente as claras batidas, incorporando aos poucos até formar uma massa leve e aerada.
5. Em uma forma redonda com furo no meio, untada e enfarinhada, despeje a massa e asse em forno preaquecido a 180 °C ou 200 °C (depende do tipo e da potência de cada forno) por cerca de 40 minutos.
6. Faça o teste do palito espetando o centro da massa. Se sair limpo e sequinho é sinal de que o bolo já está assado. Se sair com um pouco de massa crua significa que o bolo precisa ficar mais tempo no forno.

BOLO DE CENOURA COM BRIGADEIRO

Ingredientes

- 4 ovos (claras e gemas separadas)
- 120 g açúcar
- 40 g polvilho doce
- 170 g farinha de arroz
- 1 colher chá de fermento químico em pó

No liquidificador

- 150 g cenoura crua picada
- 100 ml óleo ou azeite
- 150 ml água

Ingredientes – Cobertura (Brigadeiro Cremoso)

- 200 g creme de leite
- 2 colheres sopa de chocolate em pó (50% cacau) ou cacau em pó 100%
- 395 g leite condensado
- 1 colher sopa de manteiga

Tamanho da forma redonda com furo no meio: 22 cm de diâmetro x 9 cm de altura

Modo de preparo

1. No liquidificador, bata bem a cenoura crua picada com o óleo e a água e reserve.
2. Massa: em uma tigela ou batedeira, bata as claras adicionando o açúcar aos poucos até chegar no ponto merengue e reserve.
3. Em outra tigela, bata as gemas com a cenoura batida reservada anteriormente. Depois, adicione o polvilho doce, a farinha de arroz e bata novamente. Adicione o fermento químico em pó e misture.
4. Por fim, acrescente as claras batidas, incorporando aos poucos até formar uma massa leve e aerada.
5. Em uma forma redonda com furo no meio, untada e enfarinhada, despeje a massa e asse em forno preaquecido a 180 °C ou 200 °C (depende do tipo e da potência de cada forno) por cerca de 45 minutos.
6. Faça o teste do palito espetando o centro da massa. Se sair limpo e sequinho é sinal de que o bolo já está assado. Se sair com um pouco de massa crua significa que o bolo precisa ficar mais tempo no forno.
7. Cobertura (Brigadeiro Cremoso): em uma panela, misture o creme de leite com o chocolate em pó (50% cacau) até formar uma mistura homogênea. Em seguida, acrescente o leite condensado e a manteiga. Leve ao fogo e vá mexendo para não queimar. Quando começar a ferver, baixe o fogo e continue mexendo por cerca de 3 a 5 minutos. Deixe esfriar ou pelo menos amornar.
8. Despeje o brigadeiro sobre o bolo já frio ou pelo menos morno.

BOLO DE CENOURA COM CALDA (NA FORMINHA DE ALUMÍNIO)

Rendimento: 3 unidades

Ingredientes

- 4 ovos (claras e gemas separadas)
- 130 g açúcar branco
- 200 g farinha de arroz
- 50 g polvilho doce
- 1 colher chá rasa de fermento químico em pó

No liquidificador

- 200 g cenoura crua picada
- 100 ml óleo
- 100 ml água

Ingredientes – Cobertura

- 4 colheres sopa de chocolate em pó (50% cacau)
- 4 colheres sopa de açúcar
- 1 colher sopa de margarina ou manteiga
- 4 colheres sopa de água (aproximadamente)

Tamanho das forminhas de alumínio descartável para bolo inglês: 18 cm de comprimento x 8 cm de largura x 5 cm de altura (medidas da base menor)

Modo de preparo

1. No liquidificador, bata bem a cenoura crua picada com o óleo e a água e reserve.

2. Massa: em uma tigela ou batedeira, bata as claras adicionando o açúcar aos poucos até chegar no ponto merengue e reserve.

3. Em outra tigela, bata as gemas com a cenoura batida reservada anteriormente. Depois, adicione a farinha de arroz, o polvilho doce e bata novamente.

4. Acrescente as claras batidas, incorporando aos poucos até formar uma massa leve e aerada. Por fim, adicione o fermento químico em pó e misture.

5. Despeje a massa em 3 forminhas de alumínio descartável untadas com óleo e transfira-as para uma forma retangular maior.

6. Asse em forno preaquecido a 180 °C ou 200 °C (depende do tipo e da potência de cada forno) por cerca de 40 minutos.

7. Faça o teste do palito espetando o centro da massa. Se sair limpo e sequinho é sinal de que o bolo já está assado. Se sair com um pouco de massa crua significa que o bolo precisa ficar mais tempo no forno.

8. Cobertura: em uma panela, misture o chocolate em pó, o açúcar, a margarina e a água. Leve ao fogo e vá mexendo para não queimar. Quando começar a ferver, baixe o fogo e continue mexendo por cerca de 2 minutos.

9. Despeje a cobertura morna sobre o bolo já frio ou pelo menos morno.

BOLO DE CENOURA COM LARANJA

Ingredientes – Massa

- 4 ovos (claras e gemas separadas)
- 130 g açúcar
- 30 g polvilho doce
- 200 g farinha de arroz
- Raspas de 1 laranja

No liquidificador

- 150 g cenoura crua picada
- 200 ml suco de laranja natural
- 100 ml óleo ou azeite

Ingredientes – Calda (opcional)

- 200 ml suco de laranja natural
- 3 colheres sopa de açúcar

Tamanho da forma redonda com furo no meio: 20 cm de diâmetro x 8 cm de altura

Modo de preparo

1. Massa: em uma tigela ou batedeira, bata as claras adicionando o açúcar aos poucos até chegar no ponto merengue e reserve.
2. No liquidificador, bata bem a cenoura crua picada com o suco de laranja natural e o óleo.
3. Em outra tigela, despeje a cenoura batida e misture com as gemas. Depois, adicione o polvilho doce, a farinha de arroz e misture novamente.
4. Por fim, acrescente as claras batidas, incorporando aos poucos até formar uma massa leve e aerada. Adicione as raspas de laranja e misture.
5. Em uma forma redonda com furo no meio, untada e enfarinhada, despeje a massa e asse em forno preaquecido a 180 °C ou 200 °C (depende do tipo e da potência de cada forno) por cerca de 40 minutos.
6. Faça o teste do palito espetando o centro da massa. Se sair limpo e sequinho é sinal de que o bolo já está assado. Se sair com um pouco de massa crua significa que o bolo precisa ficar mais tempo no forno.
7. Calda (opcional): em uma panela, aqueça o suco de laranja natural com o açúcar, somente até os granulados do açúcar sumirem por completo.
8. Despeje a calda já fria sobre o bolo morno.

BOLO DE CHOCOLATE

Ingredientes – Massa

- 4 ovos (claras e gemas separadas)
- 140 g açúcar
- 100 ml óleo ou azeite
- 200 ml água
- 1 colher chá de essência de baunilha
- 40 g chocolate em pó (50% cacau) ou cacau em pó 100%
- 20 g polvilho doce
- 180 g farinha de arroz
- 1 colher chá de fermento químico em pó

Tamanho da forma redonda com furo no meio: 22 cm de diâmetro x 9 cm de altura

Ingredientes – Cobertura

- 40 g chocolate em pó (50% cacau) ou cacau em pó 100%
- 70 g açúcar
- 1 colher sopa de óleo de coco ou manteiga
- 3 colheres sopa de água

Modo de preparo

1. Massa: em uma tigela ou batedeira, bata as claras adicionando o açúcar aos poucos até chegar no ponto merengue e reserve.
2. Em outra tigela, bata as gemas com o óleo, a água e a essência de baunilha. Depois, adicione o chocolate em pó (50% cacau), o polvilho doce, a farinha de arroz e bata novamente. Adicione o fermento químico em pó e misture.
3. Em seguida, acrescente as claras batidas, incorporando aos poucos até formar uma massa leve e aerada.
4. Em uma forma redonda com furo no meio, untada e enfarinhada com chocolate em pó (50% cacau), despeje a massa e asse em forno preaquecido a 180 °C ou 200 °C (depende do tipo e da potência de cada forno) por cerca de 45 minutos.
5. Faça o teste do palito espetando o centro da massa. Se sair limpo e sequinho é sinal de que o bolo já está assado. Se sair com um pouco de massa crua significa que o bolo precisa ficar mais tempo no forno.
6. Desenforme o bolo ainda quente.
7. Cobertura: em uma panela, misture o chocolate em pó (50% cacau), o açúcar, o óleo de coco e a água. Leve ao fogo e vá mexendo com o auxílio de uma espátula até ferver. Espere esfriar e despeje a cobertura sobre o bolo frio ou pelo menos morno.

BOLO DE CHOCOLATE (NA FORMINHA DE ALUMÍNIO)

Rendimento: 3 unidades

Ingredientes

- 4 ovos médios (claras e gemas separadas)
- 130 g açúcar
- 100 ml óleo
- 1 colher chá de essência de baunilha
- 200 ml água
- 60 g chocolate em pó (50% cacau) ou cacau em pó 100%
- 50 g polvilho doce
- 190 g farinha de arroz
- 1/2 colher chá de fermento químico em pó

Tamanho das forminhas de alumínio descartável para bolo inglês: 18 cm de comprimento x 8 cm de largura x 5 cm de altura (medidas da base menor)

Modo de preparo

1. Em uma tigela ou batedeira, bata as claras adicionando o açúcar aos poucos até chegar no ponto merengue e reserve.
2. Em outra tigela, bata as gemas com a essência de baunilha, o óleo e a água. Depois, adicione o chocolate em pó (50% cacau), o polvilho doce, a farinha de arroz e bata novamente.
3. Acrescente as claras batidas, incorporando aos poucos até formar uma massa leve e aerada. Por fim, adicione o fermento químico em pó e misture.
4. Despeje a massa em 3 forminhas de alumínio descartável untadas com óleo e transfira-as para uma forma retangular maior.
5. Asse em forno preaquecido a 180 °C ou 200 °C (depende do tipo e da potência de cada forno) por cerca de 40 minutos.
6. Faça o teste do palito espetando o centro da massa. Se sair limpo e sequinho é sinal de que o bolo já está assado. Se sair com um pouco de massa crua significa que o bolo precisa ficar mais tempo no forno.

BOLO DE CHOCOLATE COM AVEIA

Ingredientes – Massa

- 4 ovos (claras e gemas separadas)
- 100 ml azeite ou óleo
- 1 colher sopa de essência de baunilha
- 200 ml água
- 70 g farinha de aveia
- 70 g farelo de aveia
- 60 g amido de milho
- 30 g chocolate em pó (50% cacau) ou cacau em pó 100%
- 90 g açúcar mascavo
- 1 colher sopa rasa de fermento químico em pó

Ingredientes – Cobertura (Ganache)

- 150 g chocolate meio amargo fracionado
- 200 g creme de leite (1 caixinha)

Tamanho da forma redonda com furo no meio: 24 cm de diâmetro x 7 cm de altura

Modo de preparo

1. Massa: em uma tigela, bata as gemas com o azeite, a essência de baunilha e a água. Depois, adicione a farinha de aveia, o farelo de aveia, o amido de milho, o chocolate em pó (50% cacau), o açúcar mascavo e bata novamente.
2. Em outra tigela ou batedeira, bata as claras em neve. Em seguida, acrescente as claras batidas à massa, incorporando aos poucos até formar uma massa leve e aerada. Adicione o fermento químico em pó e misture.

3. Em uma forma redonda com furo no meio, untada com manteiga ou óleo, despeje a massa e asse em forno preaquecido a 180 °C ou 200 °C (depende do tipo e da potência de cada forno) por cerca de 35 minutos.
4. Faça o teste do palito espetando o centro da massa. Se sair limpo e sequinho é sinal de que o bolo já está assado. Se sair com um pouco de massa crua significa que o bolo precisa ficar mais tempo no forno.

5. Desenforme o bolo morno.
6. Cobertura (Ganache): em uma tigela, derreta o chocolate meio amargo fracionado no micro-ondas de 30 em 30 segundos. Com o chocolate derretido, adicione o creme de leite e misture. Leve à geladeira por 2 horas.

7. Despeje a cobertura sobre o bolo frio e já pode servir.

BOLO DE CHOCOLATE COM BRIGADEIRO CREMOSO

Ingredientes – Massa

- 6 ovos (claras e gemas separadas)
- 100 g açúcar
- 80 ml azeite ou óleo
- 200 g de creme de leite (1 caixinha)
- 50 g chocolate em pó (50% cacau) ou cacau em pó 100%
- 100 g farinha de arroz

Ingredientes – Cobertura (Brigadeiro Cremoso)

- 395 g leite condensado (1 caixinha)
- 2 colheres sopa de chocolate em pó (50% cacau) ou cacau em pó 100%
- 200 g creme de leite (1 caixinha)
- 1 colher sopa de manteiga
- Granulado de chocolate para decorar

Tamanho da forma retangular: 32 cm de comprimento x 22 cm largura x 5 cm de altura

Modo de preparo

1. Massa: em uma tigela ou batedeira, bata as claras adicionando o açúcar aos poucos até chegar no ponto merengue e reserve.
2. Em outra tigela, bata as gemas com o azeite e o creme de leite. Depois, adicione o chocolate em pó (50% cacau), a farinha de arroz e bata novamente.
3. Por fim, acrescente as claras batidas, incorporando aos poucos até formar uma massa leve e aerada.

4. Em uma forma retangular untada e enfarinhada, despeje a massa e asse em forno preaquecido a 180 °C ou 200 °C (depende do tipo e da potência de cada forno) por cerca de 40 minutos.
5. Faça o teste do palito espetando o centro da massa. Se sair limpo e sequinho é sinal de que o bolo já está assado. Se sair com um pouco de massa crua significa que o bolo precisa ficar mais tempo no forno.

6. Recheio (Brigadeiro Cremoso): em uma panela, misture o leite condensado com o chocolate em pó (50% cacau) até formar uma mistura homogênea. Em seguida, acrescente o creme de leite e a manteiga. Leve ao fogo e vá mexendo para não queimar. Quando começar a ferver, baixe o fogo e continue mexendo por cerca de 3 a 5 minutos. Deixe amornar.

7. Despeje o brigadeiro sobre o bolo já frio ou pelo menos morno. Finalize com granulado de chocolate por cima.

BOLO DE CHOCOLATE COM BUTTER CREAM

Ingredientes – Massa

- 4 ovos (claras e gemas separadas)
- 100 g açúcar
- 50 ml azeite ou óleo
- 200 ml água morna
- 10 g café solúvel
- 100 g chocolate em pó (50% cacau) ou cacau em pó 100%
- 60 g farinha de arroz
- 20 g polvilho doce

Tamanho da forma redonda com fundo removível: 20 cm de diâmetro x 7 cm de altura

Ingredientes – Recheio (Butter Cream)

- 100 g manteiga sem sal em temperatura ambiente
- 100 g leite condensado
- 100 g chocolate branco fracionado
- Açúcar de confeiteiro para polvilhar (decoração)

Modo de preparo

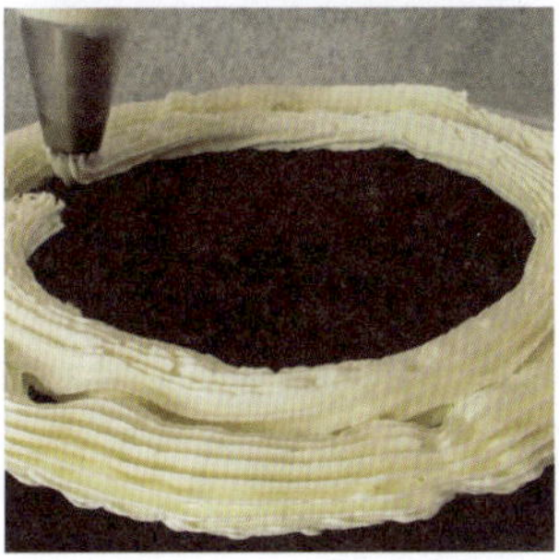

1. Massa: em uma tigela ou batedeira, bata as claras adicionando o açúcar aos poucos até chegar no ponto merengue e reserve.
2. Em outra tigela, bata as gemas com o azeite, a água morna e o café solúvel. Depois, adicione o chocolate em pó (50% cacau), a farinha de arroz, o polvilho doce e bata novamente.
3. Por fim, acrescente as claras batidas, incorporando aos poucos até formar uma massa leve e aerada.
4. Em uma forma redonda com fundo removível (não precisa untar), despeje a massa e asse em forno preaquecido a 180 °C ou 200 °C (depende do tipo e da potência de cada forno) por cerca de 35 minutos.
5. Faça o teste do palito espetando o centro da massa. Se sair limpo e sequinho é sinal de que o bolo já está assado. Se sair com um pouco de massa crua significa que o bolo precisa ficar mais tempo no forno.
6. Espere esfriar. Se necessário, vire a forma de cabeça para baixo e deixe o bolo pelo menos amornar nessa posição para evitar que a massa baixe. Passe uma faca nas laterais internas da forma e desenforme o bolo. Corte a massa em duas camadas.
7. Recheio (Butter Cream): derreta o chocolate branco fracionado no micro-ondas de 30 em 30 segundos ou em banho-maria e reserve. Em uma tigela, bata a manteiga sem sal em temperatura ambiente. Em seguida, adicione o leite condensado. Bata novamente até formar um creme homogêneo. Por fim, acrescente o chocolate branco morno derretido anteriormente e bata bem até formar uma mistura cremosa e aerada.
8. Transfira esse recheio para um saco plástico resistente com um bico de confeitar (bico pitanga) já encaixado nele e em seguida recheie o bolo. Polvilhe o açúcar de confeiteiro sobre a superfície do bolo e já pode servir.
9. Se for levar o bolo à geladeira, o recheio de butter cream ficará mais firme, por isso tire da geladeira cerca de 30 minutos antes de servir.

BOLO DE CHOCOLATE COM CREME DE AVELÃ

Ingredientes – Massa

- 4 ovos (claras e gemas separadas)
- 80 g açúcar
- 100 ml óleo
- 1 pitada de sal
- 1 colher chá de essência de baunilha
- 200 ml água morna
- 50 g chocolate em pó (50% cacau) ou cacau em pó 100%
- 80 g farinha de arroz
- 30 g polvilho doce

Tamanho da forma redonda com fundo removível: 18 cm de diâmetro x 10 cm de altura

Ingredientes – Recheio

- 200 g chantilly gelado
- 2 colheres sopa rasa de chocolate em pó (50% cacau) ou cacau em pó 100%
- 140 g creme de avelã

Ingredientes – Cobertura

- 60 g creme de leite
- 50 g chocolate meio amargo fracionado
- Avelãs picadas (torrada)

Modo de preparo

1. Massa: em uma tigela ou batedeira, bata as claras adicionando o açúcar aos poucos até chegar no ponto merengue e reserve.
2. Em outra tigela, bata as gemas com o óleo, a pitada de sal, a essência de baunilha e a água morna. Depois, adicione o chocolate em pó (50% cacau), a farinha de arroz, o polvilho doce e bata novamente.
3. Por fim, acrescente as claras batidas, incorporando aos poucos até formar uma massa leve e aerada.

4. Em uma forma redonda com fundo removível (não precisa untar), despeje a massa e asse em forno preaquecido a 180 °C ou 200 °C (depende do tipo e da potência de cada forno) por cerca de 35 minutos.
5. Faça o teste do palito espetando o centro da massa. Se sair limpo e sequinho é sinal de que o bolo já está assado. Se sair com um pouco de massa crua significa que o bolo precisa ficar mais tempo no forno.

6. Espere esfriar. Se necessário, vire a forma de cabeça para baixo e deixe o bolo pelo menos amornar nessa posição para evitar que a massa baixe. Passe uma faca nas laterais internas da forma e desenforme o bolo. Corte a massa em três camadas.
7. Recheio: em uma batedeira ou tigela, bata o chantilly gelado com o chocolate em pó (50% cacau) até formar uma mistura homogênea mole. Depois, acrescente o creme de avelã e bata novamente até formar um creme firme (ponto de chantilly).

8. Utilize metade desse chantilly para rechear as camadas de massa e a outra metade para passar nas laterais e superfície do bolo.
9. Cobertura: derreta o chocolate meio amargo com o creme de leite no micro-ondas de 30 em 30 segundos ou em banho-maria. Acrescente as avelãs picadas (torrada) e misture.

10. Despeje essa cobertura sobre a superfície do bolo e já pode servir. Se preferir servir gelado, leve o bolo à geladeira por cerca de 3 horas.

BOLO DE CHOCOLATE CONFEITADO

Ingredientes – Massa

- 7 ovos (claras e gemas separadas)
- 100 g açúcar
- 50 ml azeite ou óleo
- 1 colher chá essência de baunilha
- 200 g creme de leite
- 100 g farinha de arroz
- 50 g chocolate em pó (50% cacau) ou cacau em pó 100%

  Tamanho da forma retangular: 32 cm de comprimento x 22 cm largura x 5 cm de altura

Ingredientes – Recheio e cobertura (Chantilly de Ganache)

- 300 g chocolate meio amargo fracionado
- 200 g creme de leite
- 200 g chantilly gelado
- Chocolate picado

Ingredientes – Para regar e decorar o bolo

- 200 ml água mais 1 colher sopa de açúcar ou 200 ml água e 2 colheres de sopa de leite condensado
- raspas de chocolate (decoração)
- granulado colorido (decoração)

Modo de preparo

1. Massa: em uma tigela ou batedeira, bata as claras adicionando o açúcar aos poucos até chegar no ponto merengue e reserve.

2. Em outra tigela, bata as gemas com o azeite, a essência de baunilha e o creme de leite. Depois, adicione a farinha de arroz, o chocolate em pó (50% cacau) e bata novamente.
3. Por fim, acrescente as claras batidas, incorporando aos poucos até formar uma massa leve e aerada.

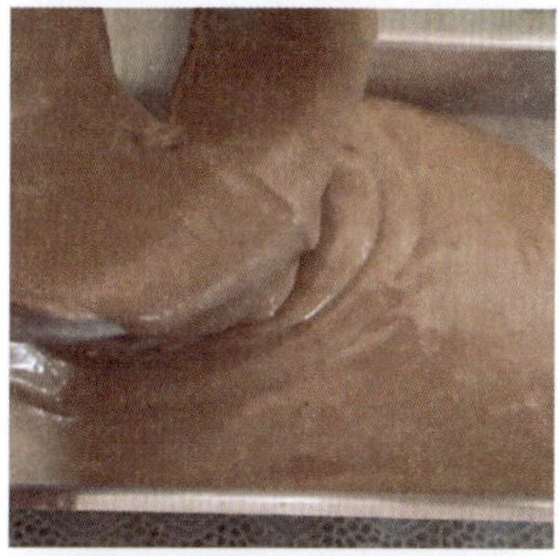

4. Em uma forma retangular forrada com papel toalha ou papel manteiga, despeje a massa e asse em forno preaquecido a 180 °C ou 200 °C (depende do tipo e da potência de cada forno) por cerca de 40 minutos.
5. Faça o teste do palito espetando o centro da massa. Se sair limpo e sequinho é sinal de que o bolo já está assado. Se sair com um pouco de massa crua significa que o bolo precisa ficar mais tempo no forno.

6. Recheio e cobertura (Chantilly de Ganache): derreta o chocolate meio amargo fracionado e misture com o creme de leite. Depois de frio, despeje no chantilly já previamente batido e bata novamente para incorporar a ganache.
7. Depois de assada e fria, corte a massa na metade e depois no meio, totalizando quatro camadas. Recheie com o chantilly de ganache e chocolate picado por cima, regando cada camada de massa com a mistura de água com açúcar.

8. Confeite o bolo usando o restante do chantilly de ganache e decore com raspas de chocolate e granulado colorido.
9. Leve o bolo para gelar por aproximadamente 3 horas e já pode servir.

BOLO DE COCO

Ingredientes – Massa

- 5 ovos (claras e gemas separadas)
- 110 g xilitol ou açúcar
- 200 ml leite comum ou leite vegetal
- 100 ml óleo ou azeite
- 200 g farinha de arroz
- 50 g polvilho doce

Ingredientes – Cobertura

- 200 ml leite de coco (1 garrafinha)
- 2 colheres sopa de xilitol
- Coco ralado a gosto (decoração)

Tamanho da forma redonda com furo no meio: 24 cm de diâmetro x 7 cm de altura

Modo de preparo

1. Massa: em uma tigela ou batedeira, bata as claras adicionando o xilitol aos poucos até chegar no ponto merengue e reserve.
2. Em outra tigela, bata as gemas com o leite e o óleo. Depois, adicione a farinha de arroz, o polvilho doce e bata novamente.
3. Em seguida, acrescente as claras batidas, incorporando aos poucos até formar uma massa leve e aerada.

4. Em uma forma redonda com furo no meio, untada e enfarinhada, despeje a massa e asse em forno preaquecido a 180 °C ou 200 °C (depende do tipo e da potência de cada forno) por cerca de 40 minutos.
5. Faça o teste do palito espetando o centro da massa. Se sair limpo e sequinho é sinal de que o bolo já está assado. Se sair com um pouco de massa crua significa que o bolo precisa ficar mais tempo no forno.

6. Cobertura: em um recipiente, misture o leite de coco com o xilitol e despeje sobre o bolo já frio ou pelo menos morno.

BOLO DE FUBÁ COM GOIABADA

Ingredientes

- 5 ovos (claras e gemas separadas)
- 80 g açúcar
- 100 ml azeite ou óleo
- 200 g creme de leite
- 1 pitada de sal
- 100 g fubá
- 100 g farinha de arroz
- 20 g polvilho doce
- 1 xícara chá de goiabada picada e passada na farinha de arroz

Tamanho da forma redonda com furo no meio: 20 cm de diâmetro x 8 cm de altura

Modo de preparo

1. Em uma tigela ou batedeira, bata as claras adicionando o açúcar aos poucos até chegar no ponto merengue e reserve.

2. Em outra tigela, bata as gemas com o azeite, o creme de leite e 1 pitada de sal. Depois, adicione o fubá, a farinha de arroz, o polvilho doce e bata novamente.

3. Em seguida, acrescente as claras batidas, incorporando aos poucos até formar uma massa leve e aerada. Por fim, adicione a goiabada picada (passada na farinha de arroz para ficar bem soltinha) e misture delicadamente.

4. Em uma forma redonda com furo no meio, untada e enfarinhada, despeje a massa e asse em forno preaquecido a 180 °C ou 200 °C (depende do tipo e da potência de cada forno) por cerca de 40 minutos.

5. Faça o teste do palito espetando o centro da massa. Se sair limpo e sequinho é sinal de que o bolo já está assado. Se sair com um pouco de massa crua significa que o bolo precisa ficar mais tempo no forno.

BOLO DE IOGURTE

Ingredientes

- 4 ovos (claras e gemas separadas)
- 120 g açúcar
- 2 copos de iogurte natural (cada copo tem 165 g)
- 100 ml azeite ou óleo
- 200 g farinha de arroz
- 20 g polvilho doce

Tamanho da forma redonda com furo no meio: 20 cm de diâmetro x 8 cm de altura

Modo de preparo

1. Em uma tigela ou batedeira, bata as claras adicionando o açúcar aos poucos até chegar no ponto merengue e reserve.

2. Em outra tigela, bata as gemas com o iogurte natural e o azeite. Depois, adicione a farinha de arroz, o polvilho doce e bata novamente.

3. Em seguida, acrescente as claras batidas, incorporando aos poucos até formar uma massa leve e aerada.

4. Em uma forma redonda com furo no meio, untada e enfarinhada, despeje a massa e asse em forno preaquecido a 180 °C ou 200 °C (depende do tipo e da potência de cada forno) por cerca de 40 minutos.

5. Faça o teste do palito espetando o centro da massa. Se sair limpo e sequinho é sinal de que o bolo já está assado. Se sair com um pouco de massa crua significa que o bolo precisa ficar mais tempo no forno.

BOLO DE LARANJA COM CALDA

Ingredientes – Massa

- 4 ovos (claras e gemas separadas)
- 110 g açúcar
- 100 ml óleo ou azeite
- 1 colher chá de essência de laranja
- 200 ml suco de laranja natural
- 1 gota de corante em gel cor laranja
- 170 g farinha de arroz
- 40 g polvilho doce
- 1 colher chá rasa de fermento químico em pó

Ingredientes – Calda

- 200 ml suco natural de laranja
- 4 colheres sopa de açúcar ou a gosto
- 1 colher sopa rasa de amido de milho
- 1 gota de corante em gel cor laranja

Tamanho da forma redonda com furo no meio: 24 cm de diâmetro x 7 cm de altura

Modo de preparo

1. Massa: em uma tigela ou batedeira, bata as claras adicionando o açúcar aos poucos até chegar no ponto merengue e reserve.

2. Em outra tigela, bata as gemas com o óleo, a essência de laranja, o suco natural de laranja e o corante em gel cor laranja. Depois, adicione a farinha de arroz, o polvilho doce e bata novamente. Adicione o fermento químico em pó e misture.

3. Em seguida, acrescente as claras batidas, incorporando aos poucos até formar uma massa leve e aerada.

4. Em uma forma redonda com furo no meio, untada com manteiga ou óleo, despeje a massa e asse em forno preaquecido a 180 °C ou 200 °C (depende do tipo e da potência de cada forno) por cerca de 45 minutos.

5. Faça o teste do palito espetando o centro da massa. Se sair limpo e sequinho é sinal de que o bolo já está assado. Se sair com um pouco de massa crua significa que o bolo precisa ficar mais tempo no forno.

6. Calda: em uma panela, misture o suco natural de laranja com o açúcar, o amido de milho e o corante em gel laranja.

7. Leve ao fogo e cozinhe até a calda começar a engrossar. Despeje sobre o bolo já frio ou pelo menos morno.

BOLO DE LARANJA COM CALDA ESPELHADA

Ingredientes – Massa

- 5 ovos (claras e gemas separadas)
- 120 g açúcar
- 100 ml azeite ou óleo
- 200 ml suco de laranja natural
- 1 pitada de sal
- Raspas de laranja a gosto
- 200 g farinha de arroz
- 20 g polvilho doce

Tamanho da forma redonda com fundo removível: 20 cm de diâmetro x 7 cm de altura

Ingredientes – Calda espelhada

- 200 ml suco natural de laranja
- 4 a 5 colheres sopa rasa de açúcar
- 1 colher sopa de amido de milho

Modo de preparo

1. Massa: em uma tigela ou batedeira, bata as claras adicionando o açúcar aos poucos até chegar no ponto merengue e reserve.

2. Em outra tigela, bata as gemas com o azeite, o suco de laranja natural, a pitada de sal e as raspas de laranja a gosto. Depois, adicione a farinha de arroz, o polvilho doce e bata novamente.
3. Em seguida, acrescente as claras batidas, incorporando aos poucos até formar uma massa leve e aerada.

4. Em uma forma redonda com fundo removível (não precisa untar), despeje a massa e asse em forno preaquecido a 180 °C ou 200 °C (depende do tipo e da potência de cada forno) por cerca de 40 minutos.
5. Faça o teste do palito espetando o centro da massa. Se sair limpo e sequinho é sinal de que o bolo já está assado. Se sair com um pouco de massa crua significa que o bolo precisa ficar mais tempo no forno.

6. Espere esfriar e passe uma faca nas laterais internas da forma e desenforme o bolo.
7. Calda espelhada: em uma panela, misture o suco natural de laranja com o açúcar e o amido de milho.
8. Leve ao fogo e cozinhe até a calda começar a engrossar. Espere esfriar e despeje sobre o bolo.

BOLO DE LIMÃO COM MOUSSE

Ingredientes – Massa

- 4 ovos (claras e gemas separadas)
- 120 g açúcar
- 100 ml azeite ou óleo
- 200 ml leite comum ou vegetal
- 50 ml suco de limão (limão taiti espremido)
- Raspas de limão a gosto
- 40 g polvilho doce
- 170 g farinha de arroz
- 1 colher chá rasa de fermento químico em pó

Ingredientes – Cobertura (Mousse de Limão)

- 200 g de creme de leite
- 200 g de leite condensado
- 50 ml suco de limão (limão taiti espremido)
- Raspas de limão para decorar

Tamanho da forma redonda com furo no meio: 22 cm de diâmetro x 9 cm de altura

Modo de preparo

1. Massa: em uma tigela ou batedeira, bata as claras adicionando o açúcar aos poucos até chegar no ponto merengue e reserve.
2. Em outra tigela, bata as gemas com o azeite, o leite, o suco e as raspas de limão. Depois, adicione o polvilho doce, a farinha de arroz e bata novamente. Adicione o fermento químico em pó e misture.

3. Em seguida, acrescente as claras batidas, incorporando aos poucos até formar uma massa leve e aerada.
4. Em uma forma redonda com furo no meio, untada e enfarinhada, despeje a massa e asse em forno preaquecido a 180 °C ou 200 °C (depende do tipo e da potência de cada forno) por cerca de 40 minutos.

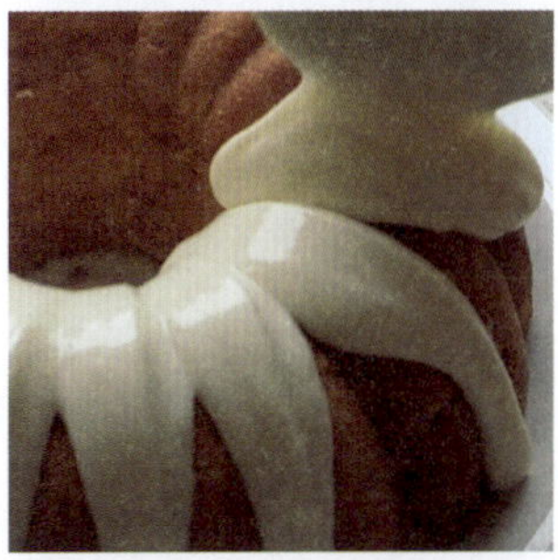

5. Faça o teste do palito espetando o centro da massa. Se sair limpo e sequinho é sinal de que o bolo já está assado. Se sair com um pouco de massa crua significa que o bolo precisa ficar mais tempo no forno.
6. Cobertura (Mousse de Limão): em uma tigela, bata o leite condensado com o creme de leite. Em seguida, adicione o suco de limão aos poucos enquanto mistura o creme. Despeje a mousse sobre o bolo já frio e decore com raspas de limão por cima.

BOLO DE MAÇÃ

Ingredientes – Massa

- 5 ovos (claras e gemas separadas)
- 140 g açúcar
- 100 ml óleo
- Raspas de limão a gosto
- 1 pitada de sal
- 1 colher sobremesa de canela em pó
- 200 ml água
- 200 g farinha de arroz
- 30 g polvilho doce
- Açúcar de confeiteiro para polvilhar (decoração)

Ingredientes – Recheio

- 140 g maçã picada (1 maçã grande)
- 1/2 limão taiti espremido
- 1 colher sopa de açúcar

Tamanho da forma retangular: 28 cm de comprimento x 22 cm de largura x 5 cm de altura

Modo de preparo

1. Recheio: em um recipiente, misture a maçã picada com o limão taiti espremido e o açúcar e reserve.
2. Massa: em uma tigela ou batedeira, bata as claras adicionando o açúcar aos poucos até chegar no ponto merengue e reserve.
3. Em outra tigela, bata as gemas com o óleo, as raspas de limão, a pitada de sal, a canela em pó e a água. Depois, adicione a farinha de arroz, o polvilho doce e bata novamente.

4. Por fim, acrescente as claras batidas, incorporando aos poucos até formar uma massa leve e aerada. Adicione a maçã (recheio) preparada anteriormente e misture delicadamente.
5. Em uma forma retangular untada e enfarinhada, despeje a massa e asse em forno preaquecido a 160 °C ou 180 °C (depende do tipo e da potência de cada forno) por cerca de 70 minutos (1 hora e 10 minutos).

6. Faça o teste do palito espetando o centro da massa. Se sair limpo e sequinho é sinal de que o bolo já está assado. Se sair com um pouco de massa crua significa que o bolo precisa ficar mais tempo no forno.
7. Espere esfriar e polvilhe açúcar de confeiteiro sobre o bolo.

BOLO DE MILHO

Ingredientes

- 5 claras de ovo
- 65 g açúcar
- 150 g farinha de arroz
- 50 g polvilho doce
- 1 colher chá rasa de fermento químico em pó
- 1 pitada de sal

No liquidificador

- 170 g de milho em conserva (1 lata)
- 5 gemas de ovo
- 100 ml leite comum ou vegetal
- 100 ml azeite ou óleo
- 65 g açúcar

Tamanho da forma redonda com furo no meio: 20 cm de diâmetro x 8 cm de altura

Modo de preparo

1. No liquidificador, bata bem o milho com as gemas de ovo, o leite, o azeite e o açúcar e reserve.
2. Em uma tigela ou batedeira, bata as claras adicionando o açúcar aos poucos até chegar no ponto merengue e reserve.
3. Em outra tigela, misture a farinha de arroz, o polvilho doce, o fermento químico em pó e a pitada de sal. Despeje o milho batido anteriormente e misture novamente.
4. Por fim, acrescente as claras batidas, incorporando aos poucos até formar uma massa leve e aerada.
5. Em uma forma redonda com furo no meio, untada e enfarinhada, despeje a massa e asse em forno preaquecido a 180 °C ou 200 °C (depende do tipo e da potência de cada forno) por cerca de 45 minutos.
6. Faça o teste do palito espetando o centro da massa. Se sair limpo e sequinho é sinal de que o bolo já está assado. Se sair com um pouco de massa crua significa que o bolo precisa ficar mais tempo no forno.

BOLO DE MORANGO COM SUSPIROS

Ingredientes – Massa

- 4 ovos (claras e gemas separadas)
- 60 g açúcar
- 50 ml óleo
- 200 g creme de leite
- 80 g farinha de arroz

Tamanho da forma redonda com fundo removível: 16 cm de diâmetro x 10 cm de altura

Ingredientes – Recheio e cobertura

- 300 g de nata gelada (1 pote)
- 3 colheres de sopa de açúcar de confeiteiro
- Morangos a gosto

Ingredientes – Para regar e decorar o bolo

- 200 ml água mais 2 colheres de sopa de leite condensado
- Morangos a gosto
- Suspiros a gosto

Modo de preparo

1. Massa: em uma tigela ou batedeira, bata as claras adicionando o açúcar aos poucos até chegar no ponto merengue e reserve.
2. Em outra tigela, bata as gemas com o óleo e o creme de leite. Depois, adicione a farinha de arroz e bata novamente.
3. Por fim, acrescente as claras batidas, incorporando aos poucos até formar uma massa leve e aerada.

4. Em uma forma redonda com fundo removível (não precisa untar), despeje a massa e asse em forno preaquecido a 180 °C ou 200 °C (depende do tipo e da potência de cada forno) por cerca de 40 minutos.
5. Faça o teste do palito espetando o centro da massa. Se sair limpo e sequinho é sinal de que o bolo já está assado. Se sair com um pouco de massa crua significa que o bolo precisa ficar mais tempo no forno.

6. Depois de assada, deixe a massa esfriar ou pelo menos amornar de cabeça para baixo, ainda dentro da forma. Como sugestão, use formas de empadinhas ou copos da mesma altura para apoiar a forma de ponta-cabeça. Passe uma faca nas laterais internas da forma e desenforme o bolo. Em seguida, corte a massa em três camadas.

7. Recheio e cobertura: em uma tigela, bata a nata gelada com o açúcar de confeiteiro até virar um creme liso e aerado.
8. Monte o bolo dentro da própria forma da massa, forrada com um plástico, e recheie o bolo usando a nata já batida e os morangos picados, regando cada camada de massa com a mistura de água com leite condensado.
9. Leve o bolo montado para gelar por aproximadamente 3 horas. Depois, confeite o bolo com o restante da nata batida usada no recheio. Decore com morangos e suspiros a gosto.

BOLO FORMIGUEIRO

Ingredientes

- 4 ovos (claras e gemas separadas)
- 110 g açúcar
- 100 ml óleo
- 200 ml leite 0% lactose ou leite vegetal
- 2 colheres chá de essência de baunilha
- 200 g farinha de arroz
- 50 g polvilho doce
- 1 colher chá rasa de fermento químico em pó
- 50 g chocolate granulado
- Açúcar de confeiteiro para polvilhar (decoração)

Tamanho da forma redonda com furo no meio: 24 cm de diâmetro x 7 cm de altura

Modo de preparo

1. Em uma tigela ou batedeira, bata as claras adicionando o açúcar aos poucos até chegar no ponto merengue e reserve.

2. Em outra tigela, bata as gemas com o óleo, o leite e a essência de baunilha. Depois, adicione a farinha de arroz, o polvilho doce e bata novamente. Adicione o fermento químico em pó e misture.

3. Em seguida, acrescente as claras batidas, incorporando aos poucos até formar uma massa leve e aerada. Por fim, adicione o chocolate granulado e misture delicadamente.

4. Em uma forma redonda com furo no meio, untada com margarina ou óleo, despeje a massa e asse em forno preaquecido a 180 °C ou 200 °C (depende do tipo e da potência de cada forno) por cerca de 40 minutos.

5. Faça o teste do palito espetando o centro da massa. Se sair limpo e sequinho é sinal de que o bolo já está assado. Se sair com um pouco de massa crua significa que o bolo precisa ficar mais tempo no forno.

6. Polvilhe açúcar de confeiteiro por cima do bolo já frio ou pelo menos morno.

BOLO NUVEM

Ingredientes

- 3 ovos (claras e gemas separadas)
- 80 g açúcar
- 50 ml óleo
- 100 ml leite
- 1 colher chá de essência de baunilha
- 25 g polvilho doce
- 100 g farinha de arroz
- Gotas de chocolate para decorar

Tamanho da forma retangular pequena: 22 cm de comprimento x 11 cm de largura x 7 cm de altura

Modo de preparo

1. Em uma tigela ou batedeira, bata as claras adicionando o açúcar aos poucos até chegar no ponto merengue e reserve.
2. Em outra tigela, bata as gemas com o óleo, o leite e a essência de baunilha. Depois, adicione o polvilho doce, a farinha de arroz e bata novamente.
3. Por fim, acrescente as claras batidas, incorporando aos poucos até formar uma massa leve e aerada.

4. Em uma forma retangular pequena, untada e forrada com papel manteiga (é importante sobrar pelo menos 2 cm de papel manteiga acima da borda da forma para facilitar a retirada do bolo depois de assado), despeje a massa e decore a superfície com gotas de chocolate.

5. Transfira essa forma para dentro de uma maior e coloque água quente até 2 cm de altura para o bolo assar em banho-maria. Adicione 1 colher sopa de vinagre na água quente para evitar que a forma de baixo escureça.
6. Asse em forno preaquecido a 180 °C ou 200 °C (depende do tipo e da potência de cada forno) por cerca de 50 minutos.

7. Faça o teste do palito espetando o centro da massa. Se sair limpo e sequinho é sinal de que o bolo já está assado. Se sair com um pouco de massa crua significa que o bolo precisa ficar mais tempo no forno.
8. Desenforme o bolo ainda quente e retire o papel manteiga.

BOLO NUVEM DE CHOCOLATE

Ingredientes

- 3 ovos (claras e gemas separadas)
- 90 g açúcar
- 50 ml óleo
- 100 ml leite
- 1 colher chá de essência de baunilha
- 20 g chocolate em pó (50% cacau) ou cacau em pó 100%
- 100 g farinha de arroz
- Gotas de chocolate para decorar

Tamanho da forma retangular pequena: 22 cm de comprimento x 11 cm de largura x 7 cm de altura

Modo de preparo

1. Em uma tigela ou batedeira, bata as claras adicionando o açúcar aos poucos até chegar no ponto merengue e reserve.

2. Em outra tigela, bata as gemas com o óleo, o leite e a essência de baunilha. Depois, adicione o chocolate em pó (50% cacau), a farinha de arroz e bata novamente.
3. Por fim, acrescente as claras batidas, incorporando aos poucos até formar uma massa leve e aerada.

4. Em uma forma retangular pequena, untada e forrada com papel manteiga (é importante sobrar pelo menos 2 cm de papel manteiga acima da borda da forma para facilitar a retirada do bolo depois de assado), despeje a massa e decore a superfície com gotas de chocolate.

5. Transfira essa forma para dentro de uma maior e coloque água quente até 2 cm de altura para o bolo assar em banho-maria. Adicione 1 colher sopa de vinagre na água quente para evitar que a forma de baixo escureça.
6. Asse em forno preaquecido a 180 °C ou 200 °C (depende do tipo e da potência de cada forno) por cerca de 50 minutos.

7. Faça o teste do palito espetando o centro da massa. Se sair limpo e sequinho é sinal de que o bolo já está assado. Se sair com um pouco de massa crua significa que o bolo precisa ficar mais tempo no forno.
8. Desenforme o bolo ainda quente e retire o papel manteiga.

BOLO NUVEM DE IOGURTE

Ingredientes

- 5 ovos (claras e gemas separadas)
- 100 g açúcar
- 80 ml óleo
- 170 g iogurte natural (1 copo)
- 120 g farinha de arroz

Tamanho da forma redonda com fundo removível: 20 cm de diâmetro x 7 cm de altura

Modo de preparo

1. Em uma tigela ou batedeira, bata as claras adicionando o açúcar aos poucos até chegar no ponto merengue e reserve.
2. Em outra tigela, bata as gemas com o óleo e o iogurte natural. Depois, adicione a farinha de arroz e bata novamente.
3. Por fim, acrescente as claras batidas, incorporando aos poucos até formar uma massa leve e aerada.
4. Em uma forma redonda com fundo removível, untada e forrada com papel manteiga nas laterais e na base, despeje a massa.
5. Revista a base e as laterais externas da forma com papel alumínio para evitar que entre água do banho-maria pelo fundo removível.
6. Transfira essa forma para dentro de uma maior e coloque água quente até 2 cm de altura para o bolo assar em banho-maria. Adicione 1 colher sopa de vinagre na água quente para evitar que a forma de baixo escureça.
7. Asse em forno preaquecido a 180 °C ou 200 °C (depende do tipo e da potência de cada forno) por cerca de 80 minutos (1 hora e 20 minutos).
8. Faça o teste do palito espetando o centro da massa. Se sair limpo e sequinho é sinal de que o bolo já está assado. Se sair com um pouco de massa crua significa que o bolo precisa ficar mais tempo no forno.
9. Desenforme o bolo ainda quente e retire o papel manteiga.

BOLO NUVEM DE LIMÃO

Ingredientes

- 3 ovos (claras e gemas separadas)
- 80 g açúcar
- Raspas de limão taiti a gosto
- 50 ml óleo
- 60 ml leite
- 20 ml suco de limão (limão taiti espremido)
- 80 g farinha de arroz
- 20 g polvilho doce
- Açúcar de confeiteiro para polvilhar (decoração)

Tamanho da forma retangular pequena: 22 cm de comprimento x 11 cm de largura x 7 cm de altura

Modo de preparo

1. Em uma tigela ou batedeira, bata as claras adicionando o açúcar aos poucos até chegar no ponto merengue e reserve.
2. Em outra tigela, bata as gemas com as raspas de limão, o óleo, o leite e o suco de limão. Depois, adicione a farinha de arroz, o polvilho doce e bata novamente.

3. Por fim, acrescente as claras batidas, incorporando aos poucos até formar uma massa leve e aerada.
4. Em uma forma retangular pequena, untada e forrada com papel manteiga (é importante sobrar pelo menos 2 cm de papel manteiga acima da borda da forma para facilitar a retirada do bolo depois de assado), despeje a massa.

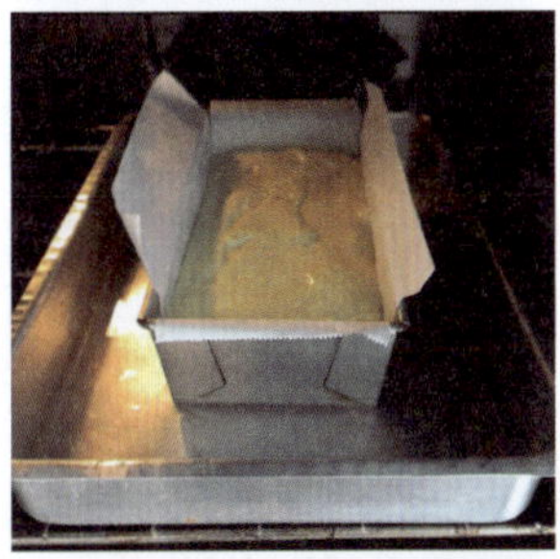

5. Transfira essa forma para dentro de uma maior e coloque água quente até 2 cm de altura para o bolo assar em banho-maria. Adicione 1 colher sopa de vinagre na água quente para evitar que a forma de baixo escureça.
6. Asse em forno preaquecido a 180 °C ou 200 °C (depende do tipo e da potência de cada forno) por cerca de 60 minutos.

7. Faça o teste do palito espetando o centro da massa. Se sair limpo e sequinho é sinal de que o bolo já está assado. Se sair com um pouco de massa crua significa que o bolo precisa ficar mais tempo no forno.
8. Desenforme o bolo ainda quente e retire o papel manteiga.
9. Depois de frio, polvilhe açúcar de confeiteiro sobre o bolo e já pode servir.

BOLO PRESTÍGIO

Ingredientes – Massa

- 4 ovos (claras e gemas separadas)
- 60 g açúcar
- 50 ml óleo
- 200 g creme de leite
- 80 g farinha de arroz
- 30 g chocolate em pó (50% cacau) ou cacau em pó 100%

Tamanho da forma redonda com fundo removível: 16 cm de diâmetro x 10 cm de altura

Ingredientes – Recheio e cobertura

Cocada cremosa

- 395 g leite condensado (1 caixinha)
- 200 g creme de leite (1 caixinha)
- 1 colher sopa de manteiga
- 1 xícara chá de coco ralado grosso

Chantilly de ganache

- 250 g chocolate meio amargo fracionado derretido
- 120 g creme de leite
- 100 g chantilly gelado

Ingredientes – Para regar e decorar o bolo

- 200 ml água mais 2 colheres de sopa de leite condensado
- coco ralado grosso

Modo de preparo

1. Massa: em uma tigela ou batedeira, bata as claras adicionando o açúcar aos poucos até chegar no ponto merengue e reserve.
2. Em outra tigela, bata as gemas com o óleo e o creme de leite. Depois, adicione a farinha de arroz, o chocolate em pó (50% cacau) e bata novamente.
3. Por fim, acrescente as claras batidas, incorporando aos poucos até formar uma massa leve e aerada.
4. Em uma forma redonda com fundo removível (não precisa untar), despeje a massa e asse em forno preaquecido a 180 °C ou 200 °C (depende do tipo e da potência de cada forno) por cerca de 40 minutos.

5. Faça o teste do palito espetando o centro da massa. Se sair limpo e sequinho é sinal de que o bolo já está assado. Se sair com um pouco de massa crua significa que o bolo precisa ficar mais tempo no forno.
6. Depois de assada, deixe a massa esfriar ou pelo menos amornar de cabeça para baixo, ainda dentro da forma. Como sugestão, use formas de empadinhas ou copos da mesma altura para apoiar a forma de ponta-cabeça. Passe uma faca nas laterais internas da forma e desenforme o bolo. Em seguida, corte a massa em três camadas.

7. Recheio e cobertura (Cocada Cremosa): em uma panela, cozinhe o leite condensado com o creme de leite, o coco ralado grosso e a manteiga. Quando começar a ferver, baixe o fogo e continue mexendo por cerca de 5 minutos. Deixe esfriar.
8. Recheio e cobertura (Chantilly de Ganache): derreta o chocolate meio amargo fracionado e misture com o creme de leite. Depois de frio, despeje no chantilly já previamente batido e bata novamente para incorporar a ganache.

9. Monte o bolo dentro da própria forma da massa, forrada com um plástico, e recheie o bolo usando a cocada cremosa já fria e o chantilly de ganache por cima, regando cada camada de massa com a mistura de água com leite condensado.
10. Leve o bolo montado para gelar por aproximadamente 3 horas. Depois, confeite o bolo com o restante do chantilly de ganache usado no recheio. Finalize grudando coco ralado grosso em volta e no topo do bolo.

BOLO RED VELVET

Ingredientes – Massa

- 4 ovos (claras e gemas separadas)
- 60 g açúcar
- 50 ml óleo
- 165 g iogurte natural (1 copo)
- 80 g farinha de arroz
- 15 g chocolate em pó (50% cacau) ou cacau em pó 100%
- 1/2 colher sopa de corante em gel cor vermelho

Tamanho da forma redonda com fundo removível: 16 cm de diâmetro x 10 cm de altura

Ingredientes – Recheio e cobertura (Chantilly de Cream Cheese)

- 1 pote cream cheese (150 g)
- 3 colheres sopa açúcar
- 200 g chantilly gelado (1 caixinha)

Ingredientes – Para regar e decorar o bolo

- Guaraná ou 200 ml água + 1 colher sopa de açúcar
- Migalhas da massa

Modo de preparo

1. Massa: em uma tigela ou batedeira, bata as claras adicionando o açúcar aos poucos até chegar no ponto merengue e reserve.
2. Em outra tigela, bata as gemas com o óleo e o iogurte natural. Depois, adicione a farinha de arroz, o chocolate em pó (50% cacau) e bata novamente. Adicione o corante em gel vermelho e bata mais uma vez.
3. Por fim, acrescente as claras batidas, incorporando aos poucos até formar uma massa leve e aerada.
4. Em uma forma redonda com fundo removível (não precisa untar), despeje a massa e asse em forno preaquecido a 180 °C ou 200 °C (depende do tipo e da potência de cada forno) por cerca de 40 minutos.
5. Faça o teste do palito espetando o centro da massa. Se sair limpo e sequinho é sinal de que o bolo já está assado. Se sair com um pouco de massa crua significa que o bolo precisa ficar mais tempo no forno.
6. Depois de assada, deixe a massa esfriar ou pelo menos amornar de cabeça para baixo, ainda dentro da forma. Como sugestão, use formas de empadinhas ou copos da mesma altura para apoiar a forma de ponta-cabeça. Passe uma faca nas laterais internas da forma e desenforme o bolo. Em seguida, corte a massa em três camadas. Aproveite para recolher as migalhas de massa nessa etapa para usar na decoração do bolo.
7. Recheio e cobertura (Chantilly de Cream Cheese): em uma tigela, misture o cream cheese com o açúcar e reserve. Em uma tigela separada, bata o chantilly gelado e depois vá adicionando e misturando aos poucos no cream cheese até virar um creme liso e aerado.
8. Monte o bolo dentro da própria forma da massa, forrada com um plástico, e recheie o bolo usando o chantilly de cream cheese, regando cada camada de massa com guaraná ou água com açúcar.
9. Leve o bolo montado para gelar por aproximadamente 3 horas. Depois, confeite o bolo com o restante do chantilly de cream cheese usado no recheio. Decore com as migalhas da massa do bolo.

BOLO TIGRE

Ingredientes

- 4 ovos (claras e gemas separadas)
- 120 g açúcar
- 180 g farinha de arroz
- 20 g polvilho doce
- 20 g chocolate em pó (50% cacau) ou cacau em pó 100%

No liquidificador

- 170 g cenoura crua picada
- 100 ml azeite ou óleo
- 200 ml água

Tamanho da forma redonda com fundo removível: 20 cm de diâmetro x 7 cm de altura

Modo de preparo

1. No liquidificador, bata bem a cenoura crua picada com o azeite e a água e reserve.
2. Em uma tigela ou batedeira, bata as claras adicionando o açúcar aos poucos até chegar no ponto merengue e reserve.
3. Em outra tigela, bata as gemas com a cenoura batida reservada anteriormente. Depois, adicione a farinha de arroz, o polvilho doce e bata novamente.

4. Por fim, acrescente as claras batidas, incorporando aos poucos até formar uma massa leve e aerada. Divida a massa em duas partes e misture delicadamente o chocolate em pó (50% cacau) em uma delas.
5. Em uma forma redonda com fundo removível (não precisa untar), intercale a massa alaranjada com a de chocolate, despejando aos poucos no centro, uma de cada vez

6. Asse em forno preaquecido a 180 °C ou 200 °C (depende do tipo e da potência de cada forno) por cerca de 45 minutos.
7. Faça o teste do palito espetando o centro da massa. Se sair limpo e sequinho é sinal de que o bolo já está assado. Se sair com um pouco de massa crua significa que o bolo precisa ficar mais tempo no forno.

BOLO TOALHA FELPUDA

Ingredientes – Massa

- 6 ovos (claras e gemas separadas)
- 150 g açúcar
- 80 ml óleo
- 200 ml leite de coco
- 180 g farinha de arroz

Ingredientes – Calda

- 200 g leite condensado
- 100 ml água
- Coco ralado (decoração)

Tamanho da forma retangular: 28 cm de comprimento x 22 cm de largura x 5 cm de altura

Modo de preparo

1. Massa: em uma tigela ou batedeira, bata as claras adicionando o açúcar aos poucos até chegar no ponto merengue e reserve.
2. Em outra tigela, bata as gemas com o óleo e o leite de coco. Depois, adicione a farinha de arroz e bata novamente.
3. Por fim, acrescente as claras batidas, incorporando aos poucos até formar uma massa leve e aerada.

4. Em uma forma retangular untada e enfarinhada, despeje a massa e asse em forno preaquecido a 160 °C ou 180 °C (depende do tipo e da potência de cada forno) por cerca de 70 minutos (1 hora e 10 minutos).
5. Faça o teste do palito espetando o centro da massa. Se sair limpo e sequinho é sinal de que o bolo já está assado. Se sair com um pouco de massa crua significa que o bolo precisa ficar mais tempo no forno.

6. Espere esfriar e passe uma faca nas laterais do bolo. Aproveite e já deixe o bolo cortado em quadrados para a calda entrar por essas frestas também.
7. Calda: em um recipiente, misture o leite condensado com a água e regue a massa do bolo (se preferir um bolo bastante molhadinho, é só dobrar a receita da calda). Espalhe o coco ralado sobre a superfície do bolo e leve à geladeira por 2 horas.

BOLO ZEBRA

Ingredientes

- 4 ovos (claras e gemas separadas)
- 120 g açúcar
- 100 ml azeite ou óleo
- 1 colher chá de essência de baunilha
- 200 ml leite de amêndoas
- 200 g farinha de arroz
- 20 g polvilho doce
- 15 g chocolate em pó (50% cacau) ou cacau em pó 100%
- Açúcar de confeiteiro para polvilhar (decoração)

Tamanho da forma redonda com fundo removível: 20 cm de diâmetro x 7 cm de altura

Modo de preparo

1. Em uma tigela ou batedeira, bata as claras adicionando o açúcar aos poucos até chegar no ponto merengue e reserve.
2. Em outra tigela ou bacia, bata as gemas com o azeite, a essência de baunilha e o leite de amêndoas. Depois, adicione a farinha de arroz, o polvilho doce e bata novamente.

3. Em seguida, acrescente as claras batidas, incorporando aos poucos até formar uma massa leve e aerada. Divida a massa em duas partes e misture delicadamente o chocolate em pó (50% cacau) em uma delas.
4. Em uma forma redonda com fundo removível, untada e enfarinhada (opcional), intercale a massa branca com a de chocolate, despejando aos poucos no centro, uma de cada vez.

5. Asse em forno preaquecido a 180 °C ou 200 °C (depende do tipo e da potência de cada forno) por cerca de 45 minutos.
6. Faça o teste do palito espetando o centro da massa. Se sair limpo e sequinho é sinal de que o bolo já está assado. Se sair com um pouco de massa crua significa que o bolo precisa ficar mais tempo no forno.

7. Desenforme e polvilhe açúcar de confeiteiro sobre o bolo já frio.

BROA DE FUBÁ

Rendimento: 28 unidades (tamanho pequeno)

Ingredientes

- 100 g fubá
- 100 g polvilho doce
- 60 g açúcar
- 2 g fermento químico em pó (1/2 colher de chá)
- 1 pitada de sal
- 45 g ovo batido (aproximadamente 1 ovo pequeno)
- 40 ml óleo ou azeite
- 20 ml água se precisar

Tamanho da assadeira/forma retangular: 39 cm de comprimento x 27 cm de largura x 5 cm de altura

Modo de preparo

1. Em uma tigela, misture os ingredientes secos. Em seguida, adicione o ovo batido, o óleo e a água aos poucos até dar ponto.
2. Com a massa pronta, faça bolinhas e coloque-as em uma assadeira untada com fubá ou polvilho doce. Para quem preferir, pode forrar a forma com papel manteiga.
3. Asse em forno preaquecido a 180 °C ou 200 °C (depende do tipo e da potência de cada forno) por cerca de 15 minutos.
4. Tire as broas do forno quando ficarem levemente douradas embaixo.
5. Espere pelo menos amornarem para desgrudar do papel manteiga ou da forma.
6. Deixe esfriarem por completo antes de armazenar.

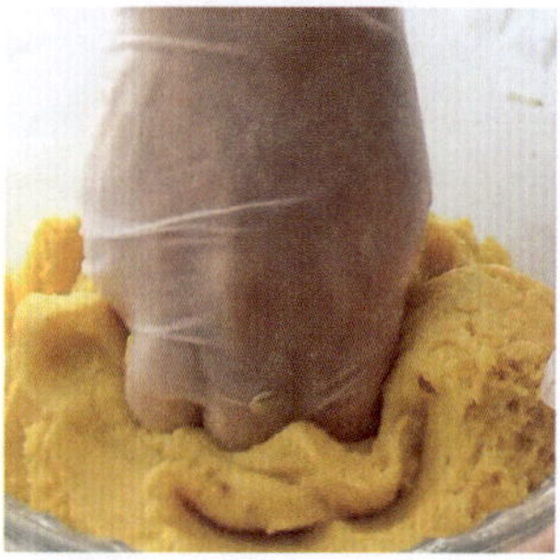

BROA DE FUBÁ E CHOCOLATE

Rendimento: 20 unidades

Ingredientes

- 100 g fubá
- 80 g polvilho doce
- 20 g chocolate em pó (50% cacau) ou cacau em pó 100%
- 70 g açúcar
- 2 g fermento químico em pó (1/2 colher de chá)
- 1 pitada de sal
- 45 g ovo batido (aproximadamente 1 ovo pequeno)
- 40 ml óleo ou azeite
- 20 ml água se precisar

Tamanho da assadeira/forma retangular: 39 cm de comprimento x 27 cm de largura x 5 cm de altura

Modo de preparo

1. Em uma tigela, misture os ingredientes secos. Em seguida, adicione o ovo batido, o óleo e a água aos poucos até dar ponto.
2. Com a massa pronta, faça bolinhas e coloque-as em uma assadeira forrada com papel alumínio ou papel manteiga.
3. Asse em forno preaquecido a 180 °C ou 200 °C (depende do tipo e da potência de cada forno) por cerca de 15 minutos.
4. Tire as broas do forno quando ficarem levemente douradas embaixo.
5. Espere pelo menos amornarem para desgrudar do papel alumínio ou papel manteiga.
6. Coloque-as sobre uma grade para esfriarem por completo antes de armazenar.

BROWNIE

Rendimento: 15 unidades

(tamanho aproximado: 5 cm x 5 cm cada um)

Ingredientes

- 200 g chocolate meio amargo fracionado
- 100 g manteiga sem sal
- 3 ovos em temperatura ambiente
- 1 colher chá de essência de baunilha
- 100 g açúcar branco
- 50 g açúcar mascavo
- 1 pitada de sal
- 40 g chocolate em pó (50% cacau) ou cacau em pó 100%
- 20 g polvilho doce
- 60 g farinha de arroz
- 80 g nozes picadas

Tamanho da forma retangular: 27 cm de comprimento x 18 cm de largura x 5 cm de altura

Modo de preparo

1. Em uma tigela, derreta o chocolate meio amargo fracionado com a manteiga no micro-ondas de 30 em 30 segundos ou em banho-maria. Vá misturando até formar uma ganache e reserve.
2. Em uma batedeira ou tigela, bata os ovos com a essência de baunilha, o açúcar branco, o açúcar mascavo e a pitada de sal até formar um creme marrom-claro. Adicione o chocolate derretido com a manteiga reservado anteriormente (ganache) e bata novamente.

3. Em seguida, acrescente o chocolate em pó (50% cacau), o polvilho doce, a farinha de arroz e misture com um fuê. Por fim, adicione as nozes picadas.
4. Em uma forma retangular untada e forrada com papel manteiga (é importante sobrar pelo menos 2 cm de papel manteiga acima da borda da forma para facilitar a retirada do brownie depois de assado), despeje e espalhe a massa.

5. Asse em forno preaquecido a 180 °C ou 200 °C (depende do tipo e da potência de cada forno) por cerca de 25 minutos.
6. Espere esfriar e desenforme. Corte os brownies no tamanho desejado e já pode servir.

BROWNIE COOKIES

Rendimento: 9 unidades

Ingredientes

- 100 g chocolate meio amargo fracionado
- 30 g manteiga sem sal em temperatura ambiente
- 1 ovo
- 60 g açúcar mascavo
- 1/2 colher chá de essência de baunilha
- 60 g farinha de arroz
- 20 g chocolate em pó (50% cacau) ou cacau em pó 100%
- 1 pitada de sal
- 2 g fermento em pó (1/2 colher de chá)

Tamanho da assadeira/forma retangular: 39 cm de comprimento x 27 cm de largura x 5 cm de altura

* À parte: chocolate branco fracionado e chocolate meio amargo fracionado (decoração para fazer os olhos).

Modo de preparo

1. Em uma tigela, derreta o chocolate meio amargo fracionado no micro-ondas ou em banho-maria. Depois, adicione a manteiga em temperatura ambiente, misturando até virar uma ganache firme, e reserve.
2. Em outra tigela, bata o ovo com a essência de baunilha e o açúcar mascavo até formar um creme marrom-claro. Acrescente a ganache firme e bata novamente.

3. Em seguida, acrescente o restante dos ingredientes secos passando em uma peneira e misture.
4. Com a massa pronta, modele as bolinhas com o auxílio de duas colheres (aproximadamente 1 colher sopa de massa) e coloque-as em uma assadeira forrada com papel manteiga, lembrando de deixar um espaço entre os cookies, pois irão achatar mais dentro do forno.

5. Asse em forno preaquecido a 180 °C ou 200 °C (depende do tipo e da potência de cada forno) por cerca de 10 minutos.
6. Tire os cookies do forno quando ficarem levemente dourados embaixo e nas bordas.
7. Espere pelo menos amornarem para desgrudar do papel manteiga.

8. Para fazer os olhos na decoração dos cookies, derreta o chocolate branco fracionado e faça as "moedas", ou seja, a base dos olhos, em um papel alumínio ou papel manteiga. Depois que endurecerem e secarem, grude a base dos olhos nos cookies usando o chocolate meio amargo fracionado derretido e depois aproveite para fazer o ponto marrom em cada um.
9. Coloque-os sobre uma grade para esfriarem por completo antes de armazenar.

CANAPÉS

Rendimento: 20 a 22 unidades (tamanho pequeno)

Ingredientes – Base dos canapés

- 50 g amido de milho
- 50 g polvilho doce
- 20 g farinha de linhaça dourada
- 3 g sal (1/2 colher de chá)
- 2 g fermento químico em pó (1/2 colher de chá)
- 2 g açúcar (1/2 colher de chá)
- 25 g ovo batido (1/2 ovo)
- 15 ml óleo ou azeite
- 50 ml água morna ou até dar ponto

Tamanho do cortador redondo: aro 5 cm de diâmetro

Tamanho da assadeira/forma retangular: 43 cm de comprimento x 30 cm de largura x 5 cm de altura

Ingredientes – Patê de presunto

- 75 g cream cheese
- 50 g presunto triturado
- Azeitonas para decorar

Ingredientes – Patê de cebola

- 75 g cream cheese
- 5 a 10 g de cebola desidratada triturada
- Salsa desidratada
- Cebolinha picada para decorar

Modo de preparo

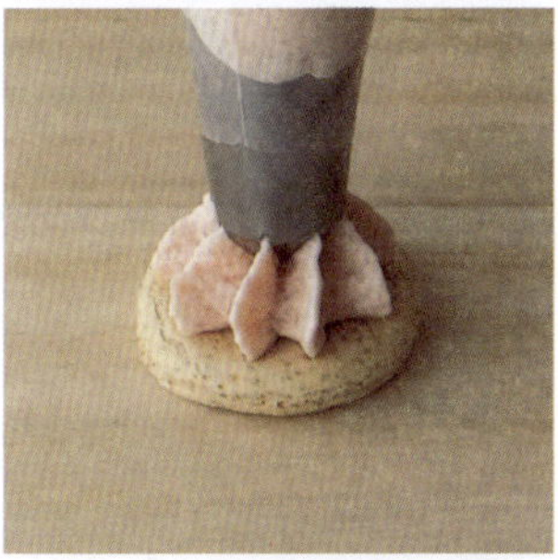

1. Base dos canapés: em uma tigela, misture os ingredientes secos. Em seguida, adicione o ovo batido, o óleo e a água morna aos poucos até dar ponto. Se necessário, manipule a massa com um pouco de amido de milho ou polvilho doce, somente para não grudar nas mãos.
2. Abra a massa entre dois plásticos. Corte as bases para os canapés e coloque-os em uma assadeira (não precisa ser untada nem forrada).
3. Faça furos em cada biscoito com o auxílio de um garfo e leve ao forno.
4. Asse em forno preaquecido a 180 °C ou 200 °C (depende do tipo e da potência de cada forno) por cerca de 15 minutos na grade de baixo. Depois, vire todos os biscoitos para pegar cor do outro lado e deixe mais 5 minutos dentro do forno ligado.
5. Se depois desse tempo os biscoitos ainda estiverem brancos, desligue o forno e deixe lá dentro por mais 5 minutos ou mais.
6. Patês: divida 150 g de cream cheese em duas vasilhas e misture separadamente os ingredientes de cada patê.
7. Coloque os patês em sacos resistentes com um bico de confeitar já encaixado em cada um deles. Em seguida, faça picos com os recheios sobre a base dos canapés e decore como preferir.

CASADINHO DE GOIABADA

Rendimento: 35 unidades

Ingredientes – Massa

- 60 g manteiga sem sal amolecida
- 40 g açúcar
- 1 colher café de essência de baunilha
- 40 g farinha de arroz
- 50 g amido de milho

Ingredientes – Recheio

- 50 g goiabada
- 15 ml água
- Açúcar refinado (para revestir os casadinhos)

Tamanho da assadeira/forma retangular: 39 cm de comprimento x 27 cm de largura x 5 cm de altura

Modo de preparo

1. Massa: em uma tigela, use um fuê para bater bem a manteiga com o açúcar e a essência de baunilha. Bata até formar um creme aerado. Depois, acrescente o restante dos ingredientes secos e misture.
2. Com a massa pronta, faça bolinhas pequenas (aproximadamente 1/2 colher chá de massa) e coloque-as em uma assadeira forrada com papel manteiga.
3. Asse em forno preaquecido a 180 °C ou 200 °C (depende do tipo e da potência de cada forno) por cerca de 15 minutos.
4. Tire os casadinhos do forno quando ficarem levemente dourados embaixo.
5. Espere pelo menos amornarem para desgrudar do papel manteiga.
6. Recheio: em uma panela, derreta a goiabada com a água em fogo baixo. Se preferir pode fazer no micro-ondas.
7. Junte e recheie os casadinhos com a goiabada e em seguida passe todos no açúcar refinado.

COOKIES CROCANTES DE AVEIA

Rendimento: 11 a 12 unidades

Ingredientes

- 100 g aveia em flocos
- 40 g farinha de arroz
- 40 g açúcar
- 1 pitada de sal
- 30 ml óleo
- 50 ml água
- 50 g castanha-do-pará picada
- 50 g gotas de chocolate

Tamanho da assadeira/forma retangular: 32 cm de comprimento x 22 cm largura x 5 cm de altura

Modo de preparo

1. Em uma tigela, misture os ingredientes secos. Depois, adicione o óleo e a água até dar ponto (a massa é mais consistente). Por fim, acrescente a castanha-do-pará picada e as gotas de chocolate.
2. Com a massa pronta, faça bolinhas e achate cada uma delas no formato de cookies. Em seguida, coloque-os em uma assadeira forrada com papel manteiga.
3. Asse em forno preaquecido a 180 °C ou 200 °C (depende do tipo e da potência de cada forno) por cerca de 25 minutos.
4. Tire os cookies do forno quando ficarem levemente dourados embaixo e nas bordas.
5. Espere pelo menos amornarem para desgrudar do papel manteiga.
6. Coloque-os sobre uma grade para esfriarem por completo antes de armazenar.

COOKIES CROCANTES DE AVEIA E CHOCOLATE

Rendimento: 14 unidades

Ingredientes

- 100 g aveia em flocos
- 40 g farinha de arroz
- 40 g açúcar
- 15 g chocolate em pó (50% cacau) ou cacau em pó 100%
- 30 ml óleo
- 60 ml água ou até dar ponto
- 60 g gotas de chocolate
- 50 g castanha-do-pará picada

Tamanho da assadeira/forma retangular: 32 cm de comprimento x 22 cm largura x 5 cm de altura

Modo de preparo

1. Em uma tigela, misture os ingredientes secos. Depois, adicione o óleo e a água até dar ponto (a massa é mais consistente). Por fim, acrescente as gotas de chocolate e a castanha-do-pará picada

2. Com a massa pronta, faça bolinhas e achate cada uma delas no formato de cookies. Em seguida, coloque-os em uma assadeira forrada com papel alumínio ou papel manteiga.

3. Asse em forno preaquecido a 180 °C ou 200 °C (depende do tipo e da potência de cada forno) por cerca de 25 minutos.
4. Tire os cookies do forno quando ficarem levemente dourados embaixo e nas bordas.
5. Espere pelo menos amornarem para desgrudar do papel alumínio ou papel manteiga.
6. Coloque-os sobre uma grade para esfriarem por completo antes de armazenar.

COOKIES DE AMENDOIM

Rendimento: 7 unidades

Ingredientes – Mistura dos secos

- 50 g farinha de arroz
- 30 g farinha de amendoim ou amendoim triturado
- 10 g amido de milho
- 2 g fermento químico em pó (1/2 colher de chá)
- 1 g bicarbonato de sódio (1/4 colher de chá)

Ingredientes – Creme aerado

- 40 g manteiga sem sal amolecida ou em temperatura ambiente
- 50 g açúcar
- 1 gema de ovo

* À parte: um pouco de farinha de amendoim ou amendoim triturado para grudar em cima dos cookies (decoração).

Tamanho da assadeira/forma retangular: 39 cm de comprimento x 27 cm de largura x 5 cm de altura

Modo de preparo

1. Mistura dos secos: em uma tigela, faça a mistura dos ingredientes secos e reserve.

2. Creme aerado: em outra tigela, use um fuê para bater bem a manteiga com o açúcar e a gema de ovo. Bata até formar um creme aerado. Depois, acrescente a mistura dos ingredientes secos.

3. Com a massa pronta, faça bolinhas levemente achatadas e grude a farinha de amendoim ou amendoim triturado em cima de cada uma. Em seguida, coloque-as em uma assadeira forrada com papel manteiga, lembrando de deixar um espaço entre os cookies, pois irão achatar mais dentro do forno.

4. Asse em forno preaquecido a 180 °C ou 200 °C (depende do tipo e da potência de cada forno) por cerca de 15 minutos.
5. Tire os cookies do forno quando ficarem levemente dourados embaixo e nas bordas.
6. Espere pelo menos amornarem para desgrudar do papel manteiga.
7. Coloque-os sobre uma grade para esfriarem por completo antes de armazenar.

COOKIES DE AVEIA

Rendimento: 12 unidades

Ingredientes

- 1 ovo
- 50 g açúcar
- 50 ml óleo de coco
- 110 g farelo de aveia
- 30 g aveia em flocos grossos
- 1 g fermento químico em pó (1/4 colher de chá)

Tamanho da assadeira/forma retangular: 32 cm de comprimento x 22 cm largura x 5 cm de altura

Modo de preparo

1. Em uma tigela, misture o ovo, o açúcar e o óleo de coco. Em seguida, acrescente o farelo de aveia, a aveia em flocos grossos, o fermento químico em pó e misture.
2. Com a massa pronta, faça bolinhas e achate cada uma delas. Em seguida, coloque-as em uma assadeira forrada com papel manteiga.
3. Asse em forno preaquecido a 180 °C ou 200 °C (depende do tipo e da potência de cada forno) por cerca de 25 minutos.
4. Tire os cookies do forno quando ficarem levemente dourados embaixo e nas bordas.
5. Espere pelo menos amornarem para desgrudar do papel manteiga.
6. Coloque-os sobre uma grade para esfriarem por completo antes de armazenar.

COOKIES DE BANANA COM AVEIA

Rendimento: 12 unidades

Ingredientes

- 100 g aveia em flocos
- 50 g farinha de arroz
- 30 g açúcar
- 1 g canela em pó (1/2 colher de chá)
- 80 g banana madura bem amassada (1 banana pequena)
- 30 ml óleo
- 50 g chocolate picado ou em gotas de sua preferência

Tamanho da assadeira/forma retangular: 32 cm de comprimento x 22 cm largura x 5 cm de altura

Modo de preparo

1. Em uma tigela, misture os ingredientes secos. Depois, adicione a banana amassada e o óleo. Por fim, acrescente o chocolate picado.
2. Com a massa pronta, faça bolinhas e achate cada uma delas. Em seguida, coloque-as em uma assadeira forrada com papel alumínio ou papel manteiga.
3. Asse em forno preaquecido a 180 °C ou 200 °C (depende do tipo e da potência de cada forno) por cerca de 25 minutos.
4. Tire os cookies do forno quando ficarem levemente dourados embaixo e nas bordas.
5. Espere pelo menos amornarem para desgrudar do papel alumínio ou papel manteiga.
6. Coloque-os sobre uma grade para esfriarem por completo antes de armazenar.

COOKIES DE CHOCOLATE

Rendimento: 7 unidades

Ingredientes – Mistura dos secos

- 50 g farinha de arroz
- 25 g farinha de amêndoas
- 10 g amido de milho
- 8 g chocolate em pó (50% cacau) ou cacau em pó 100%
- 2 g fermento químico em pó (1/2 colher de chá)
- 1 g bicarbonato de sódio (1/4 colher de chá)

Ingredientes – Creme aerado

- 50 g manteiga sem sal amolecida ou em temperatura ambiente
- 60 g açúcar
- 1 gema de ovo
- 1 colher café de essência de baunilha

Tamanho da assadeira/forma retangular: 39 cm de comprimento x 27 cm de largura x 5 cm de altura

Modo de preparo

1. Mistura dos secos: em uma tigela, faça a mistura dos ingredientes secos e reserve.
2. Creme aerado: em outra tigela, use um fuê para bater bem a manteiga com o açúcar, a gema de ovo e a essência de baunilha. Bata até formar um creme aerado. Depois, acrescente a mistura dos ingredientes secos.
3. Com a massa pronta, faça bolinhas levemente achatadas e coloque-as em uma assadeira forrada com papel manteiga, lembrando de deixar um espaço entre os cookies, pois irão achatar mais dentro do forno.
4. Asse em forno preaquecido a 180 °C ou 200 °C (depende do tipo e da potência de cada forno) por cerca de 15 minutos.
5. Tire os cookies do forno quando ficarem levemente dourados embaixo e nas bordas.
6. Espere pelo menos amornarem para desgrudar do papel manteiga.
7. Coloque-os sobre uma grade para esfriarem por completo antes de armazenar.

COOKIES DE COCO

Rendimento: 7 unidades

Ingredientes – Mistura dos secos

- 50 g farinha de arroz
- 25 g coco ralado não adoçado triturado no liquidificador para ficar bem fininho
- 10 g amido de milho
- 2 g fermento químico em pó (1/2 colher de chá)
- 1 g bicarbonato de sódio (1/4 colher de chá)

Ingredientes - Creme aerado

- 50 g manteiga sem sal amolecida ou em temperatura ambiente
- 50 g açúcar
- 1 gema de ovo
- 1 colher café de essência de baunilha

* À parte: um pouco de coco ralado para grudar em cima dos cookies (decoração).

Tamanho da assadeira/forma retangular: 39 cm de comprimento x 27 cm de largura x 5 cm de altura

Modo de preparo

1. Mistura dos secos: em uma tigela, faça a mistura dos ingredientes secos e reserve.
2. Creme aerado: em outra tigela, use um fuê para bater bem a manteiga com o açúcar, a gema de ovo e a essência de baunilha. Bata até formar um creme aerado. Depois, acrescente a mistura dos ingredientes secos.
3. Com a massa pronta, faça bolinhas levemente achatadas e grude coco ralado em cima de cada uma. Em seguida, coloque-as em uma assadeira forrada com papel manteiga, lembrando de deixar um espaço entre os cookies, pois irão achatar mais dentro do forno.
4. Asse em forno preaquecido a 180 °C ou 200 °C (depende do tipo e da potência de cada forno) por cerca de 15 minutos.
5. Tire os cookies do forno quando ficarem levemente dourados embaixo e nas bordas.
6. Espere pelo menos amornarem para desgrudar do papel manteiga.
7. Coloque-os sobre uma grade para esfriarem por completo antes de armazenar.

COOKIES DE GENGIBRE E CANELA

Rendimento: 7 unidades

Ingredientes – Mistura dos secos

- 50 g farinha de arroz
- 25 g farinha de amêndoas
- 10 g amido de milho
- 1 g canela em pó (1/2 colher de chá)
- 1 g gengibre em pó (1/2 colher de chá)
- 2 g fermento químico em pó (1/2 colher de chá)
- 1 g bicarbonato de sódio (1/4 colher de chá)

Ingredientes – Creme aerado

- 50 g manteiga sem sal amolecida ou em temperatura ambiente
- 50 g açúcar
- 1 gema de ovo

Tamanho da assadeira/forma retangular: 39 cm de comprimento x 27 cm de largura x 5 cm de altura

Modo de preparo

1. Mistura dos secos: em uma tigela, faça a mistura dos ingredientes secos e reserve.
2. Creme aerado: em outra tigela, use um fuê para bater bem a manteiga com o açúcar e a gema de ovo. Bata até formar um creme aerado. Depois, acrescente a mistura dos ingredientes secos.
3. Com a massa pronta, faça bolinhas levemente achatadas e coloque-as em uma assadeira forrada com papel manteiga, lembrando de deixar um espaço entre os cookies, pois irão achatar mais dentro do forno.
4. Asse em forno preaquecido a 180 °C ou 200 °C (depende do tipo e da potência de cada forno) por cerca de 15 minutos.
5. Tire os cookies do forno quando ficarem levemente dourados embaixo e nas bordas.
6. Espere pelo menos amornarem para desgrudar do papel manteiga.
7. Coloque-os sobre uma grade para esfriarem por completo antes de armazenar.

COOKIES DE GERGELIM

Rendimento: 7 unidades

Ingredientes – Mistura dos secos

- 50 g farinha de arroz
- 25 g gergelim branco triturado no liquidificador para ficar bem fininho
- 10 g amido de milho
- 2 g fermento químico em pó (1/2 colher de chá)
- 1 g bicarbonato de sódio (1/4 colher de chá)

Ingredientes – Creme aerado

- 50 g manteiga sem sal amolecida ou em temperatura ambiente
- 50 g açúcar
- 1 gema de ovo
- 1 colher café de essência de baunilha

* À parte: um pouco de gergelim branco para grudar em cima dos cookies (decoração).

Tamanho da assadeira/forma retangular: 39 cm de comprimento x 27 cm de largura x 5 cm de altura

Modo de preparo

1. Mistura dos secos: em uma tigela, faça a mistura dos ingredientes secos e reserve.
2. Creme aerado: em outra tigela, use um fuê para bater bem a manteiga com o açúcar, a gema de ovo e a essência de baunilha. Bata até formar um creme aerado. Depois, acrescente a mistura dos ingredientes secos.
3. Com a massa pronta, faça bolinhas levemente achatadas e grude gergelim branco em cima de cada uma. Em seguida, coloque-as em uma assadeira forrada com papel manteiga, lembrando de deixar um espaço entre os cookies, pois irão achatar mais dentro do forno.
4. Asse em forno preaquecido a 180 °C ou 200 °C (depende do tipo e da potência de cada forno) por cerca de 15 minutos.
5. Tire os cookies do forno quando ficarem levemente dourados embaixo e nas bordas.
6. Espere pelo menos amornarem para desgrudar do papel manteiga.
7. Coloque-os sobre uma grade para esfriarem por completo antes de armazenar.

COOKIES DE LIMÃO

Rendimento: 7 unidades

Ingredientes – Mistura dos secos

- 50 g farinha de arroz
- 30 g farinha de amêndoas
- 10 g amido de milho
- 1 g fermento químico em pó (1/4 colher de chá)
- 1 g bicarbonato de sódio (1/4 colher de chá)

Ingredientes – Creme aerado

- 50 g manteiga sem sal amolecida ou em temperatura ambiente
- 40 g açúcar
- Raspas de 1 limão taiti
- 1 gema de ovo

  Tamanho da assadeira/forma retangular: 39 cm de comprimento x 27 cm de largura x 5 cm de altura

Ingredientes – Decoração

- 50 g açúcar de confeiteiro
- 10 ml suco do limão taiti

Modo de preparo

1. Mistura dos secos: em uma tigela, faça a mistura dos ingredientes secos e reserve.
2. Creme aerado: em outra tigela, use um fuê para bater bem a manteiga com o açúcar, as raspas de limão e a gema de ovo. Bata até formar um creme aerado. Depois, acrescente a mistura dos ingredientes secos.
3. Com a massa pronta, faça bolinhas levemente achatadas e coloque-as em uma assadeira forrada com papel manteiga, lembrando de deixar um espaço entre os cookies, pois irão achatar mais dentro do forno.
4. Asse em forno preaquecido a 180 °C ou 200 °C (depende do tipo e da potência de cada forno) por cerca de 15 minutos.
5. Tire os cookies do forno quando ficarem levemente dourados embaixo e nas bordas.
6. Espere pelo menos amornarem para desgrudar do papel manteiga.
7. Decoração: misture o açúcar de confeiteiro com o suco do limão e decore os cookies.
8. Coloque-os sobre uma grade para esfriarem por completo antes de armazenar.

COOKIES DE NOZES

Rendimento: 7 unidades

Ingredientes – Mistura dos secos

- 50 g farinha de arroz
- 30 g nozes bem picadas
- 10 g amido de milho
- 2 g de fermento químico em pó (1/2 colher de chá)
- 1 g bicarbonato de sódio (1/4 colher de chá)

Ingredientes – Creme aerado

- 30 g manteiga sem sal amolecida ou em temperatura ambiente
- 50 g açúcar
- 1 gema de ovo
- 1 colher café de essência de baunilha

Tamanho da assadeira/forma retangular: 39 cm de comprimento x 27 cm de largura x 5 cm de altura

Modo de preparo

1. Mistura dos secos: em uma tigela, faça a mistura dos ingredientes secos e reserve.
2. Creme aerado: em outra tigela, use um fuê para bater bem a manteiga com o açúcar, a gema de ovo e a essência de baunilha. Bata até formar um creme aerado. Depois, acrescente a mistura dos ingredientes secos.
3. Com a massa pronta, faça bolinhas levemente achatadas e coloque-as em uma assadeira forrada com papel manteiga, lembrando de deixar um espaço entre os cookies, pois irão achatar mais dentro do forno.
4. Asse em forno preaquecido a 180 °C ou 200 °C (depende do tipo e da potência de cada forno) por cerca de 15 minutos.
5. Tire os cookies do forno quando ficarem levemente dourados embaixo e nas bordas.
6. Espere pelo menos amornarem para desgrudar do papel manteiga.
7. Coloque-os sobre uma grade para esfriarem por completo antes de armazenar.

COOKIES RED VELVET

Rendimento: 8 unidades

Ingredientes – Mistura dos secos

- 50 g farinha de arroz
- 25 g farinha de amêndoas
- 10 g amido de milho
- 8 g chocolate em pó (50% cacau) ou cacau em pó 100%
- 2 g fermento químico em pó (1/2 colher de chá)
- 1 g bicarbonato de sódio (1/4 colher de chá)
- 20 g chocolate branco picado ou em gotas

Ingredientes – Creme aerado

- 50 g manteiga sem sal amolecida ou em temperatura ambiente
- 50 g açúcar
- 1 gema de ovo
- 1 colher café de essência de baunilha
- 1 colher café rasa de corante em gel vermelho

* À parte: um pouco de chocolate branco picado ou em gotas para grudar em cima dos cookies (decoração).

Tamanho da assadeira/forma retangular: 39 cm de comprimento x 27 cm de largura x 5 cm de altura

Modo de preparo

1. Mistura dos secos: em uma tigela, faça a mistura dos ingredientes secos e reserve.
2. Creme aerado: em outra tigela, use um fuê para bater bem a manteiga com o açúcar, a gema de ovo, a essência de baunilha e o corante em gel vermelho. Bata até formar um creme aerado. Depois, acrescente a mistura dos ingredientes secos.

3. Com a massa pronta, faça bolinhas levemente achatadas e grude chocolate branco em cima de cada uma. Em seguida, coloque-as em uma assadeira forrada com papel manteiga, lembrando de deixar um espaço entre os cookies, pois irão achatar mais dentro do forno.
4. Asse em forno preaquecido a 180 °C ou 200 °C (depende do tipo e da potência de cada forno) por cerca de 15 minutos.

5. Tire os cookies do forno quando ficarem levemente dourados embaixo e nas bordas.
6. Espere pelo menos amornarem para desgrudar do papel manteiga.
7. Coloque-os sobre uma grade para esfriarem por completo antes de armazenar.

CUPCAKE DE CHOCOLATE

Rendimento: 15 unidades

Ingredientes

- 4 ovos (claras e gemas separadas)
- 100 g açúcar
- 200 g creme de leite
- 50 ml óleo
- 1 colher chá de essência de baunilha
- 1 pitada de sal
- 30 g chocolate em pó (50% cacau) ou cacau em pó 100%
- 130 g farinha de arroz
- 100 g gotas de chocolate
- Gotas de chocolate para decorar

Tamanho da forma retangular: 43 cm de comprimento x 30 cm de largura x 5 cm de altura

Forma de silicone para cupcakes utilizada: 12 cavidades

Forminhas para minipudim: 8,5 cm de diâmetro (base maior) x 5 cm de diâmetro (base menor) x 5 cm de altura

Forminhas de papel para cupcake: branco n.º 0 (aproximadamente 7 cm diâmetro)

Modo de preparo

1. Em uma tigela ou batedeira, bata as claras adicionando o açúcar aos poucos até chegar no ponto merengue e reserve.
2. Em outra tigela, bata as gemas com o creme de leite, o óleo, a essência de baunilha e a pitada de sal. Depois, adicione o chocolate em pó (50% cacau), a farinha de arroz e bata novamente.

3. Acrescente as claras batidas, incorporando aos poucos até formar uma massa leve e aerada. Por fim, adicione as gotas de chocolate e misture delicadamente.

4. Em uma forma retangular grande, encaixe uma forma de silicone para cupcakes e distribua as forminhas de papel. Despeje a massa em cada uma delas e o restante da massa que sobrar você pode distribuir em forminhas de papel para cupcake e colocar dentro de forminhas para minipudins.
5. É importante deixar um espaço de aproximadamente 1 cm entre a massa e a borda das forminhas de papel, pois os cupcakes irão crescer dentro do forno.

6. Decore a superfície da massa com gotas de chocolate e asse em forno preaquecido a 180 °C ou 200 °C (depende do tipo e da potência de cada forno) por cerca de 35 minutos.
7. Faça o teste do palito espetando o centro da massa. Se sair limpo e sequinho é sinal de que os cupcakes já estão assados. Se sair com um pouco de massa crua significa que os cupcakes precisam ficar mais tempo no forno.

8. Tire os cupcakes ainda quentes da forma e deixe esfriarem sobre uma grade.

CUPCAKE DE LARANJA

Rendimento: 15 unidades

Ingredientes

- 4 ovos (claras e gemas separadas)
- 120 g açúcar
- 80 ml óleo
- 150 ml suco de laranja natural
- Raspas de laranja a gosto
- 20 g polvilho doce
- 140 g farinha de arroz

Tamanho da forma retangular: 43 cm de comprimento x 30 cm de largura x 5 cm de altura

Forma de silicone para cupcakes utilizada: 12 cavidades

Forminhas para minipudim: 8,5 cm de diâmetro (base maior) x 5 cm de diâmetro (base menor) x 5 cm de altura

Forminhas de papel para cupcake: branco n.º 0 (aproximadamente 7 cm de diâmetro)

Modo de preparo

1. Em uma tigela ou batedeira, bata as claras adicionando o açúcar aos poucos até chegar no ponto merengue e reserve.
2. Em outra tigela, bata as gemas com o óleo, o suco de laranja natural e as raspas de laranja. Depois, adicione o polvilho doce, a farinha de arroz e bata novamente.
3. Acrescente as claras batidas, incorporando aos poucos até formar uma massa leve e aerada.
4. Em uma forma retangular grande, encaixe uma forma de silicone para cupcakes e distribua as forminhas de papel. Despeje a massa em cada uma delas e o restante da massa que sobrar você pode distribuir em forminhas de papel para cupcake e colocar dentro de forminhas para minipudins.
5. É importante deixar um espaço de aproximadamente 1 cm entre a massa e a borda das forminhas de papel, pois os cupcakes irão crescer dentro do forno.
6. Asse em forno preaquecido a 180 °C ou 200 °C (depende do tipo e da potência de cada forno) por cerca de 40 minutos.
7. Faça o teste do palito espetando o centro da massa. Se sair limpo e sequinho é sinal de que os cupcakes já estão assados. Se sair com um pouco de massa crua significa que os cupcakes precisam ficar mais tempo no forno.
8. Tire os cupcakes ainda quentes da forma e deixe esfriarem sobre uma grade.

EMPADA DE PALMITO

Rendimento: 5 unidades

Ingredientes – Massa

- 200 g farinha de arroz
- 25 g amido de milho
- 25 g polvilho doce
- 2 g goma xantana (1/2 colher chá)
- 3 g sal (1/2 colher de chá)
- 100 g margarina ou manteiga sem sal
- 1 gema de ovo
- 60 ml água gelada ou até dar ponto
- Gema de ovo para pincelar
- Salsa desidratada para decorar (opcional)

Tamanho das forminhas de empada: 8 cm de diâmetro (base maior) x 5 cm de diâmetro (base menor) x 3 cm de altura

Ingredientes – Recheio (essa quantidade rende 10 empadas)

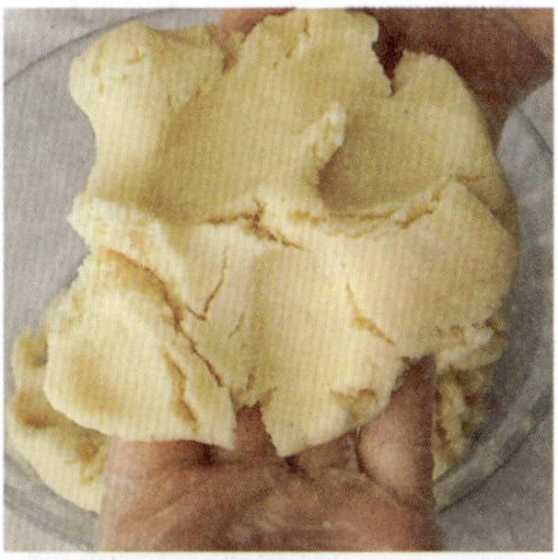

- 1 vidro de palmito (300 g drenado) levemente triturado e escorrido
- Azeite e alho
- 400 ml água mais 20 g amido de milho
- 1 colher chá de sal ou a gosto
- 1 colher chá de colorau
- Pimenta do reino
- Salsa desidratada

Modo de preparo

1. Recheio: refogue o palmito ligeiramente triturado e escorrido, com o azeite, o alho, o sal, o colorau e a pimenta do reino.
2. Adicione o amido de milho diluído na água e cozinhe até engrossar. Finalize com salsa desidratada. Reserve e deixe esfriar.

3. Massa: em uma tigela, faça a mistura dos ingredientes secos e acrescente a margarina. Misture até virar uma farofa e em seguida adicione a gema de ovo.
4. Ao final, vá mexendo e acrescentando água gelada até dar ponto.

5. Abra a massa nas forminhas de empada e coloque o recheio já frio. Para tampar cada uma, abra a massa com o auxílio de um plástico. Por fim, pincele com gema batida e decore com salsa desidratada.
6. Asse em forno preaquecido a 200 °C por cerca de 45 minutos (depende do tipo e da potência de cada forno).

GOIABINHA

Rendimento: 21 unidades

Ingredientes

- 100 g farinha de arroz
- 25 g amido de milho
- 1 g goma xantana (1/4 colher de chá)
- 2 g fermento químico em pó (1/2 colher de chá)
- 50 g açúcar
- 30 g margarina ou manteiga
- 1 ovo (50 g)
- Tiras de goiabada

Tamanho da assadeira/forma retangular: 32 cm de comprimento x 22 cm largura x 5 cm de altura

Modo de preparo

1. Em uma tigela, misture os ingredientes secos. Em seguida, adicione a margarina, o ovo e amasse bem até formar uma massa lisa e homogênea.

2. Abra a massa entre dois plásticos. Em seguida, tire o plástico da superfície da massa e mantenha o da base. Corte três tiras de massa junto com o plástico da base em tamanhos iguais e coloque as tiras de goiabada mais estreitas no meio dessas tiras de massa.

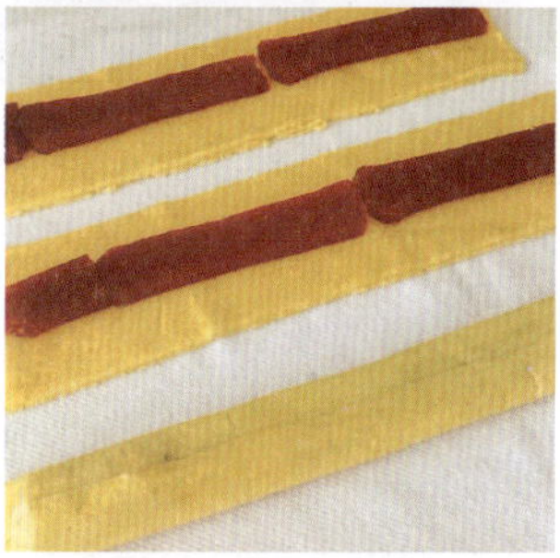

3. Delicadamente, feche cada tira de massa já com o recheio de goiabada, retire o plástico de baixo e vire as tiras prontas para o lado de cima. Dessa maneira a emenda não ficará aparente.

4. Corte as goiabinhas e coloque-as em uma assadeira forrada com papel manteiga.

5. Asse em forno preaquecido a 180 °C ou 200 °C (depende do tipo e da potência de cada forno) por cerca de 15 minutos.

6. Tire as goiabinhas do forno quando ficarem levemente douradas embaixo e nas bordas.

7. Espere pelo menos amornarem para desgrudar do papel manteiga.

8. Coloque-as sobre uma grade para esfriarem por completo antes de armazenar.

MASSA BÁSICA PARA BOLO DE ANIVERSÁRIO

Ingredientes

- 6 ovos (claras e gemas separadas)
- 100 g açúcar
- 50 ml óleo
- 1 colher chá de essência de baunilha
- 200 g creme de leite
- 160 g farinha de arroz

Tamanho da forma redonda com fundo removível: 20 cm de diâmetro x 7 cm de altura

Modo de preparo

1. Em uma tigela ou batedeira, bata as claras adicionando o açúcar aos poucos até chegar no ponto merengue e reserve.
2. Em outra tigela, bata as gemas com o óleo, a essência de baunilha e o creme de leite. Depois, adicione a farinha de arroz e bata novamente.
3. Acrescente as claras batidas, incorporando aos poucos até formar uma massa leve e aerada.
4. Em uma forma redonda com fundo removível (não precisa untar), despeje a massa e asse em forno preaquecido a 160 °C ou 180 °C (depende do tipo e da potência de cada forno) por cerca de 70 minutos (1 hora e 10 minutos).
5. Faça o teste do palito espetando o centro da massa. Se sair limpo e sequinho é sinal de que o bolo já está assado. Se sair com um pouco de massa crua significa que o bolo precisa ficar mais tempo no forno.
6. Depois de assada, deixe a massa esfriar ou pelo menos amornar de cabeça para baixo, ainda dentro da forma. Como sugestão, use formas de empadinhas ou copos da mesma altura para apoiar a forma de ponta-cabeça.
7. Passe uma faca nas laterais internas da forma e desenforme o bolo. Corte a massa em três camadas ou em quantas camadas desejar e já pode montar seu bolo.

MASSA BÁSICA PARA ROCAMBOLE

Ingredientes – Massa

- 5 ovos (claras e gemas separadas)
- 120 g açúcar
- 50 ml azeite ou óleo
- 200 g creme de leite
- 1 colher chá de essência de baunilha
- 180 g farinha de arroz
- 20 g polvilho doce

Ingredientes – Recheio (sugestão)

- 300 g nata gelada (1 pote)
- 3 colheres sopa de açúcar
- Açúcar de confeiteiro para polvilhar (decoração)

Tamanho da forma retangular: 39 cm de comprimento x 27 cm de largura x 5 cm de altura

Modo de preparo

1. Massa: em uma tigela ou batedeira, bata as claras adicionando o açúcar aos poucos até chegar no ponto merengue e reserve.
2. Em outra tigela, bata as gemas com o azeite, o creme de leite e a essência de baunilha. Depois, adicione a farinha de arroz, o polvilho doce e bata novamente.
3. Acrescente as claras batidas, incorporando aos poucos até formar uma massa leve e aerada.
4. Em uma forma retangular forrada com papel manteiga, despeje a massa e asse em forno preaquecido a 180 °C ou 200 °C (depende do tipo e da potência de cada forno) por cerca de 20 minutos.
5. Espere esfriar. Passe uma faca nas laterais internas da forma e desenforme o rocambole mantendo o papel manteiga da base. Faça um corte diagonal no final (largura) da massa (formato/para facilitar na hora de enrolar e fechar o rocambole).
6. Recheio (sugestão): em um recipiente, bata a nata gelada com o açúcar até virar um creme liso e aerado.
7. Espalhe a nata batida sobre a superfície da massa e enrole o rocambole (comece a enrolar pelo lado sem o corte diagonal), mantendo o papel manteiga para segurar a estrutura e envolver a massa para não abrir.
8. Transfira o rocambole enrolado no papel manteiga para uma bandeja e leve à geladeira por 1 hora ou até o rocambole firmar.
9. Retire da geladeira e tire o papel manteiga do rocambole. Corte as duas extremidades para dar acabamento e polvilhe açúcar de confeiteiro sobre a superfície para finalizar.

MINIQUICHE DE ESPINAFRE

Rendimento: 6 unidades

Ingredientes – Massa

- 200 g farinha de arroz
- 2 g sal ou a gosto
- 3 g chia
- 100 g manteiga ou margarina gelada
- 30 a 50 ml água gelada ou até dar ponto

Ingredientes – Creme

- 1 ovo
- 200 g creme de leite
- 1 g sal (1 pitada)
- Pimenta do reino

Ingredientes – Recheio

- 1 maço de espinafre (só as folhas)
- Azeite, alho, sal e pimenta do reino
- Queijo muçarela ralado
- Queijo parmesão ralado (opcional)

Tamanho das forminhas com fundo removível: 8,5 cm de diâmetro (base menor) x 10 cm de diâmetro (base maior) x 2 cm de altura

Tamanho da assadeira/forma retangular: 32 cm de comprimento x 22 cm largura x 5 cm de altura

Modo de preparo

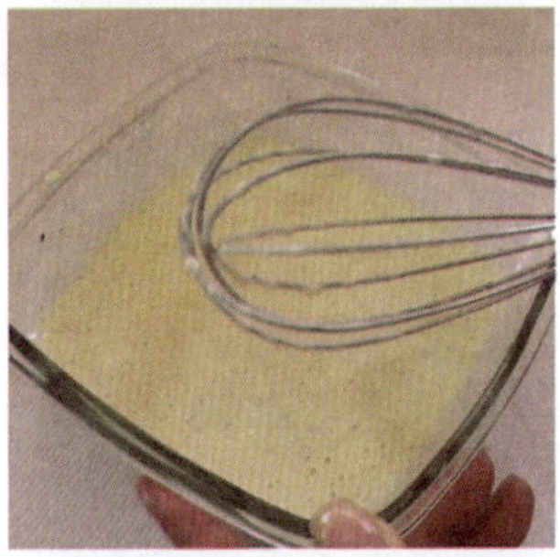

1. Recheio: em uma panela com água fervente, adicione o espinafre e deixe ferver rapidamente (processo de branqueamento) por alguns segundos. Depois, passe na água fria e escorra bem. Refogue o espinafre com azeite, alho, sal e pimenta do reino. Deixe esfriar.
2. Massa: em uma tigela, faça a mistura dos ingredientes secos e em seguida acrescente a manteiga ou a margarina gelada. Adicione a água gelada aos poucos, misturando tudo até dar ponto. Leve à geladeira por cerca de 15 a 30 minutos.
3. Creme: em um recipiente bata o ovo com o sal, a pimenta do reino e o creme de leite.
4. Abra a massa em forminhas redondas individuais com fundo removível. Faça furos na base de cada uma com um garfo e adicione o queijo muçarela, o espinafre e o creme. Se preferir, finalize com queijo parmesão ralado para gratinar no forno.
5. Asse em forno preaquecido a 200 °C ou 230 °C (depende do tipo e da potência de cada forno) por cerca de 40 minutos.

MINIQUICHE DE PRESUNTO E QUEIJO

Rendimento: 8 unidades

Ingredientes – Massa

- 100 g farinha de arroz
- 20 g amido de milho
- 20 g polvilho doce
- 3 g sal (1/2 colher de chá)
- 1 g goma xantana (1/4 colher de chá)
- 50 g margarina ou manteiga sem sal gelada
- 25 g ovo batido (1/2 ovo)
- 25 a 50 ml água gelada ou até dar ponto

Ingredientes – Creme

- 200 g creme de leite
- 1 ovo
- 1 g sal (1/4 colher de chá) ou a gosto
- Orégano

Ingredientes – Recheio

- 40 g queijo muçarela triturado
- 40 g presunto triturado
- Queijo parmesão ralado

Tamanho das forminhas: 6,5 cm de diâmetro x 2,5 cm de altura

Modo de preparo

1. Massa: em uma tigela, faça a mistura dos ingredientes secos e acrescente a margarina. Misture até virar uma farofa e em seguida adicione o ovo batido.
2. Ao final, vá mexendo e acrescentando água gelada até dar ponto.
3. Abra a massa nas forminhas de quiche e faça furos na base com um garfo.
4. Recheio: coloque o recheio de presunto e queijo muçarela triturado, até a metade de cada forminha.
5. Creme: em uma tigela, misture o creme de leite com o ovo, o sal e o orégano para fazer o creme. Em seguida, despeje o creme até a borda de cada forminha e finalize com queijo parmesão por cima para gratinar.
6. Asse em forno preaquecido a 200 °C por cerca de 40 a 45 minutos (depende do tipo e da potência de cada forno).

NACHOS ASSADOS

Ingredientes

- 50 g polvilho doce
- 50 g fubá
- 25 g amido de milho
- 20 g queijo parmesão ralado
- 2 colheres chá de páprica em pó (use a de sua preferência – defumada, apimentada ou doce)
- 2 g fermento químico em pó (1/2 colher de chá)
- 2 g de goma xantana (1/2 colher de chá)
- 2 g sal (1/2 colher de chá rasa)
- 4 g açúcar (1 colher de chá)
- 25 g ovo batido (aproximadamente 1/2 ovo)
- 1/2 colher sopa de azeite ou óleo
- 1 colher chá de vinagre
- 50 a 60 ml água morna ou até dar ponto

Tamanho da assadeira/forma retangular: 43 cm de comprimento x 30 cm de largura x 5 cm de altura

Modo de preparo

1. Em uma tigela, misture os ingredientes secos. Em seguida, adicione o ovo batido, o vinagre, o azeite e a água morna aos poucos até dar ponto. Se necessário, manipule a massa com um pouco de amido de milho ou polvilho doce, somente para não grudar nas mãos.
2. Abra a massa bem fininha entre dois plásticos. Corte os nachos no tamanho desejado e coloque-os em uma assadeira untada com azeite ou óleo.
3. Pincele azeite ou óleo por cima e leve ao forno.
4. Asse em forno preaquecido a 200 °C ou 230 °C (depende do tipo e da potência de cada forno) por cerca de 15 minutos.
5. Se depois desse tempo ainda estiverem brancos, desligue o forno e deixe lá dentro por mais 5 minutos ou mais.
6. Tire os nachos do forno quando ficarem levemente dourados embaixo.
7. Espere esfriarem por completo antes de armazenar.

PÃO DE MEL

Rendimento: 23 unidades

Ingredientes – Massa

- 3 ovos
- 90 g mel
- 50 ml óleo
- 250 ml água
- 50 g açúcar mascavo
- 1 colher chá de cravo em pó
- 1 colher sobremesa de canela em pó
- 50 g chocolate em pó (50% cacau) ou cacau em pó 100%
- 15 g polvilho doce
- 50 g fécula de batata
- 150 g farinha de arroz
- 10 g fermento químico em pó
- 1 colher chá de bicarbonato de sódio

Ingredientes – Recheio e cobertura

- 400 g doce de leite (1 pote)
- 550 g chocolate meio amargo fracionado
- Chocolate branco fracionado para decorar

Tamanho da forma retangular: 43 cm de comprimento x 30 cm de largura x 5 cm de altura

Tamanho das forminhas para pão de mel: 6,5 cm de diâmetro x 2,5 cm de altura

Modo de preparo

1. Massa: em uma tigela, bata os ovos com o mel, o óleo e a água com o auxílio de um fuê. Depois, adicione o açúcar mascavo, o cravo em pó, a canela em pó, o chocolate em pó (50% cacau), o polvilho doce, a fécula de batata, a farinha de arroz e misture bem.

2. Por fim, acrescente o fermento químico em pó, o bicarbonato de sódio e misture novamente.

3. Espalhe forminhas para pão de mel (untadas e enfarinhadas) em uma forma grande retangular e despeje a massa até a metade de cada forminha.

4. Asse em forno preaquecido a 180 °C ou 200 °C (depende do tipo e da potência de cada forno) por cerca de 25 minutos.

5. Desenforme a massa dos pães de mel ainda quentes e espere esfriar antes de cortar e rechear.

6. Recheio: coloque o doce de leite em um saco de confeitar e corte a ponta. Corte a massa de cada pão de mel ao meio e recheie com o doce de leite ou com o recheio de sua preferência.

7. Cobertura: derreta o chocolate meio amargo fracionado no micro-ondas de 30 em 30 segundos ou em banho-maria. Banhe os pães de mel e deixe secar sobre uma forma forrada com papel alumínio ou papel manteiga.

8. Derreta o chocolate branco fracionado e coloque em um saquinho plástico resistente. Corte a ponta bem fina e decore a superfície de cada pão de mel, desenhando vários riscos. Leve à geladeira por alguns minutos ou até todo o chocolate secar completamente.

ROCAMBOLE DE GOIABADA

Ingredientes – Massa

- 3 ovos (claras e gemas separadas)
- 70 g açúcar
- 50 ml óleo ou azeite
- 150 ml leite de coco
- 10 g polvilho doce
- 80 g farinha de arroz

Tamanho da forma retangular: 32 cm de comprimento x 22 cm largura x 5 cm de altura

Ingredientes – Recheio

- 300 g goiabada picada
- 50 ml água
- Açúcar de confeiteiro para polvilhar (decoração)

Modo de preparo

1. Massa: em uma tigela ou batedeira, bata as claras adicionando o açúcar aos poucos até chegar no ponto merengue e reserve.
2. Em outra tigela, bata as gemas com o óleo e o leite de coco. Depois, adicione o polvilho doce, a farinha de arroz e bata novamente.
3. Acrescente as claras batidas, incorporando aos poucos até formar uma massa leve e aerada.
4. Em uma forma retangular forrada com papel manteiga, despeje a massa e asse em forno preaquecido a 180 °C ou 200 °C (depende do tipo e da potência de cada forno) por cerca de 20 minutos.
5. Espere esfriar e passe uma faca nas laterais internas da forma. Mantenha a massa dentro da forma.
6. Recheio: em uma panela, aqueça a goiabada picada com a água até começar a ferver. Espere esfriar e transfira para um saco de confeitar.
7. Espalhe o recheio de goiabada sobre a superfície da massa e enrole o rocambole mantendo o papel manteiga para segurar a estrutura e envolver a massa para não abrir (esse processo pode ser feito dentro da própria forma em que a massa foi assada).
8. Apoie o rocambole enrolado no papel manteiga no canto da forma e leve à geladeira por 1 hora ou até o rocambole firmar.
9. Retire da geladeira e tire o papel manteiga do rocambole. Corte as duas extremidades para dar acabamento e polvilhe açúcar de confeiteiro sobre a superfície para finalizar.

ROCAMBOLE DE MORANGO

Rendimento: 2 unidades

Ingredientes – Massa

- 5 ovos (claras e gemas separadas)
- 120 g açúcar
- 100 ml óleo
- 200 ml leite
- 2 gotas de corante em gel na cor vermelho morango
- 30 g polvilho doce
- 180 g farinha de arroz

Tamanho da forma retangular: 39 cm de comprimento x 27 cm de largura x 5 cm de altura

Ingredientes - Recheio (Butter Cream)

- 200 g manteiga sem sal em temperatura ambiente
- 200 g leite condensado
- 200 g chocolate branco fracionado derretido
- Morangos grandes
- Açúcar de confeiteiro para polvilhar (decoração)

Modo de preparo

1. Massa: em uma tigela ou batedeira, bata as claras adicionando o açúcar aos poucos até chegar no ponto merengue e reserve.
2. Em outra tigela, bata as gemas com o óleo, o leite e o corante em gel na cor vermelho morango. Depois, adicione o polvilho doce, a farinha de arroz e bata novamente.
3. Acrescente as claras batidas, incorporando aos poucos até formar uma massa leve e aerada.
4. Em uma forma retangular forrada com papel manteiga, despeje a massa e asse em forno preaquecido a 180 °C ou 200 °C (depende do tipo e da potência de cada forno) por cerca de 15 a 20 minutos.
5. Espere esfriar. Passe uma faca nas laterais internas da forma e desenforme o rocambole mantendo o papel manteiga da base. Faça um corte diagonal no final (comprimento) da massa (formato/para facilitar na hora de enrolar e fechar o rocambole).
6. Recheio (Butter Cream): em uma tigela, bata a manteiga sem sal em temperatura ambiente e em seguida adicione o leite condensado. Bata novamente até formar um creme homogêneo. Por fim, acrescente o chocolate branco morno derretido (derreta no micro-ondas de 30 em 30 segundos ou em banho-maria) e bata bem até formar uma mistura cremosa e aerada.
7. Espalhe 3/4 do Butter Cream sobre a superfície da massa e encaixe morangos inteiros no meio da massa, formando uma fileira. Enrole o rocambole (comece a enrolar pelo lado sem o corte diagonal) mantendo o papel manteiga para segurar a estrutura e envolver a massa para não abrir.
8. Transfira o rocambole enrolado no papel manteiga para a própria forma em que foi assado e leve à geladeira por 30 minutos ou até o rocambole firmar. Retire da geladeira e tire o papel manteiga do rocambole. Corte as duas extremidades para dar acabamento e depois corte ao meio.
9. Coloque o restante do Butter Cream em um saco plástico resistente com um bico de confeitar (bico pitanga) já encaixado nele e em seguida decore a superfície dos dois rocamboles. Encaixe meio morango com folhas em cima de cada um e finalize polvilhando açúcar de confeiteiro sobre os rocamboles.

SALGADINHO

Ingredientes

- 50 g farinha de arroz
- 50 g polvilho doce
- 25 g amido de milho
- 2 g fermento químico em pó (1/2 colher de chá)
- 2 g de goma xantana (1/2 colher de chá)
- 3 g sal (1/2 colher de chá)
- 2 g açúcar (1/2 colher de chá)
- 25 g ovo batido (aproximadamente 1/2 ovo)
- 1/2 colher sopa de óleo
- 1 colher chá de vinagre
- 50 ml água morna ou até dar ponto

Modo de preparo

1. Em uma tigela, misture os ingredientes secos. Em seguida, adicione o ovo batido, o vinagre, o óleo e a água morna aos poucos até dar ponto. Trabalhe e sove a massa com um pouco de amido de milho ou polvilho doce, somente para não grudar nas mãos.

2. Abra a massa bem fininha e corte os salgadinhos no formato desejado. Polvilhe um pouco de amido de milho ou polvilho doce sobre a massa para os salgadinhos ficarem bem soltinhos e não grudarem entre si.

3. Depois é só fritar até dourarem e ficarem crocantes.

4. Ao fritar os salgadinhos controle o fogo. Se estiver muito quente vão queimar e não ficarão crocantes.

5. Espere esfriarem por completo antes de armazenar.

SALGADINHO ASSADO SABOR ALHO

Ingredientes

- 50 g farinha de arroz
- 50 g amido de milho
- 2 g fermento químico em pó (1/2 colher de chá)
- 1 g goma xantana (1/4 colher de chá)
- 3 g de sal (1/2 colher de chá)
- 1/2 colher chá de pasta de alho ou a gosto
- 15 ml azeite ou óleo
- 1 gema de ovo
- 50 a 60 ml água morna ou até dar ponto

Tamanho da assadeira/forma retangular: 43 cm de comprimento x 30 cm de largura x 5 cm de altura

Modo de preparo

1. Em uma tigela, misture os ingredientes secos e reserve. Numa vasilha separada, misture o azeite com a pasta de alho e a gema de ovo, depois acrescente na mistura dos secos. Adicione a água morna aos poucos até dar ponto.

2. Abra a massa bem fininha entre dois plásticos. Tire o primeiro plástico da superfície e transfira a massa inteira já aberta para uma assadeira untada com azeite ou óleo. Corte os biscoitos no tamanho desejado dentro da própria forma com o auxílio de uma faca ou cortador de pizza.
3. Pincele azeite ou óleo sobre os salgadinhos e leve ao forno.

4. Asse em forno preaquecido a 200 °C ou 230 °C (depende do tipo e da potência de cada forno) por cerca de 20 minutos na grade de baixo. Depois, solte todos salgadinhos grudados entre si e leve ao forno já desligado para ficarem sequinhos e levemente dourados.
5. Espere esfriarem por completo antes de armazenar.

SALGADINHO SABOR QUEIJO

Ingredientes

- 50 g farinha de arroz
- 50 g polvilho doce
- 25 g amido de milho
- 20 g queijo parmesão ralado (se necessário, triture para ficar bem fininho)
- 2 g fermento químico em pó (1/2 colher de chá)
- 2 g de goma xantana (1/2 colher de chá)
- 3 g sal (1/2 colher de chá) ou a gosto, vai depender do salgado do queijo parmesão
- 2 g açúcar (1/2 colher de chá)
- 25 g ovo batido (aproximadamente 1/2 ovo)
- 1/2 colher sopa de óleo
- 1 colher chá de vinagre
- 60 ml água morna ou até dar ponto

Modo de preparo

1. Em uma tigela, misture os ingredientes secos. Em seguida, adicione o ovo batido, o vinagre, o óleo e a água morna aos poucos até dar ponto. Trabalhe e sove a massa com um pouco de amido de milho ou polvilho doce, somente para não grudar nas mãos.

2. Abra a massa bem fininha e corte os salgadinhos no formato desejado. Polvilhe um pouco de amido de milho ou polvilho doce sobre a massa para os salgadinhos ficarem bem soltinhos e não grudarem entre si.

3. Depois é só fritar até dourarem e ficarem crocantes.

4. Ao fritar os salgadinhos controle o fogo. Se estiver muito quente vão queimar e não ficarão crocantes.

5. Espere esfriarem por completo antes de armazenar.

SEQUILHOS DE COCO

Rendimento: 18 unidades

Ingredientes

- 50 g manteiga sem sal amolecida
- 40 g açúcar de confeiteiro
- 30 ml leite de coco
- 25 g coco ralado fino
- 120 g amido de milho

Tamanho da assadeira/forma retangular: 32 cm de comprimento x 22 cm largura x 5 cm de altura

Modo de preparo

1. Em uma tigela, use um fuê para bater bem a manteiga com o açúcar de confeiteiro e o leite de coco. Bata até formar um creme aerado. Depois, acrescente coco ralado fino e o amido de milho.
2. Com a massa pronta, faça bolinhas (aproximadamente 1/2 colher sopa de massa) e coloque-as em uma assadeira forrada com papel manteiga.
3. Em seguida, amasse cada bolinha de massa com o auxílio de um garfo.
4. Asse em forno preaquecido a 180 °C ou 200 °C (depende do tipo e da potência de cada forno) por cerca de 15 minutos.
5. Tire os sequilhos do forno quando ficarem levemente dourados embaixo.
6. Espere amornarem para desgrudar do papel manteiga.
7. Deixe esfriarem por completo antes de armazenar.

SEQUILHOS DE LEITE CONDENSADO

Rendimento: 58 unidades

Ingredientes

- 40 g margarina ou manteiga em temperatura ambiente
- 1 gema de ovo
- 60 g leite condensado
- 110 g amido de milho

Tamanho da assadeira/forma retangular: 39 cm de comprimento x 27 cm de largura x 5 cm de altura

Modo de preparo

1. Em uma tigela, use um fuê para bater bem a margarina com a gema de ovo e o leite condensado. Depois, acrescente o amido de milho e misture.
2. Com a massa pronta, faça bolinhas pequenas (aproximadamente 1/2 colher chá de massa) e coloque-as em uma assadeira forrada com papel manteiga.
3. Asse em forno preaquecido a 180 °C ou 200 °C (depende do tipo e da potência de cada forno) por cerca de 15 minutos.
4. Tire os sequilhos do forno quando ficarem levemente dourados embaixo.
5. Espere pelo menos amornarem para desgrudar do papel manteiga.
6. Deixe esfriarem por completo antes de armazenar.

TORTA DE BANANA

Ingredientes – Massa

- 350 g farinha de arroz
- 20 g polvilho doce
- 110 g açúcar
- 1 pitada de sal
- 100 g margarina ou manteiga sem sal gelada
- 1 ovo
- 200 g creme de leite
- 1 colher sopa rasa de fermento químico em pó
- Ovo batido para pincelar

Ingredientes – Recheio

- 4 a 5 bananas maduras
- Açúcar e canela em pó a gosto

Tamanho da forma com fundo removível: 22 cm de diâmetro x 3 cm de altura

Modo de preparo

1. Massa: em uma tigela, faça a mistura dos ingredientes secos e acrescente a margarina gelada. Misture até virar uma farofa e em seguida adicione o ovo e o creme de leite. Vá mexendo tudo até dar ponto e formar uma massa lisa e uniforme.
2. Divida a massa em duas partes e abra a primeira metade da massa em uma forma redonda com fundo removível.

3. Recheio: encaixe as bananas maduras cortadas em rodelas sobre o fundo da massa. Polvilhe açúcar e canela a gosto sobre as bananas.
4. Abra a outra metade da massa entre dois plásticos e faça tiras. Se necessário, passe um pouco de farinha de arroz nessas tiras para não grudarem nas mãos. Intercale por cima da torta com o auxílio de uma faca, cobrindo o recheio.

5. Para fazer o acabamento, corte as rebarbas da massa que sobrarem e pincele a superfície da torta com ovo batido.
6. Asse em forno preaquecido a 180 °C ou 200 °C (depende do tipo e da potência de cada forno) por cerca de 35 a 40 minutos.
7. Desenforme a torta de banana morna ou fria e já pode servir.

TORTA DE LIMÃO

Ingredientes – Massa

- 100 g farinha de arroz
- 80 g amido de milho
- 20 g polvilho doce
- 50 g açúcar
- 1 pitada de sal
- Raspas de limão a gosto
- 1 colher chá de fermento químico em pó
- 50 g margarina ou manteiga gelada
- 1 ovo
- 50 g creme de leite

Tamanho da forma com fundo removível: 22 cm de diâmetro x 3 cm de altura

Ingredientes – Recheio (Mousse de Limão)

- 395 g leite condensado (1 caixinha)
- 200 g creme de leite (1 caixinha)
- Suco de 2 limões (limão taiti espremido)

Ingredientes – Cobertura (Merengue Suíço)

- 3 claras
- 1/2 xícara chá de açúcar (medida da xícara = 240 ml)
- raspas de limão taiti para decorar

Modo de preparo

1. Massa: em uma tigela, faça a mistura dos ingredientes secos e acrescente a margarina gelada. Misture até virar uma farofa e em seguida adicione o ovo e o creme de leite. Vá mexendo tudo até dar ponto e formar uma massa lisa e uniforme.
2. Abra a massa em uma forma redonda com fundo removível e faça furos na base com o auxílio de um garfo.
3. Asse em forno preaquecido a 180 °C ou 200 °C (depende do tipo e da potência de cada forno) por cerca de 35 minutos ou até as bordas da massa ficarem levemente douradas. Espere esfriar.

4. Recheio (Mousse de Limão): em uma tigela, misture o leite condensado com o creme de leite e o suco de limão. Despeje a mistura sobre a base da torta e leve à geladeira por no mínimo 1 hora.

5. Cobertura (Merengue Suíço): em uma panela, junte as claras com o açúcar e vá misturando em fogo baixo, até os granulados do açúcar sumirem ao toque dos dedos. Se necessário, vá tirando a panela do fogo de vez em quando para as claras não chegarem a cozinhar durante esse tempo. O processo leva cerca de 3 minutos.

6. Após tirar do fogo, já despeje essa mistura em uma batedeira e bata por aproximadamente 5 minutos ou até formar um merengue com picos firmes. Transfira o merengue suíço para um saco plástico resistente com um bico de confeitar (bico pitanga) já encaixado nele e em seguida faça picos até cobrir totalmente a torta.
7. Ligue o grill para preaquecer a parte superior do forno e deixe a torta na grade de cima por cerca de 8 minutos para os picos do merengue ficarem levemente dourados. Caso seu forno não tenha essa opção, utilize um maçarico no lugar.
8. Finalize com raspas de limão por cima e leve à geladeira por, no mínimo, 2 horas. Desenforme e sirva a sobremesa gelada.
9. Dica: caso optar por outro tipo de cobertura, você pode utilizar apenas chantilly no lugar do merengue suíço.

SOBRE A AUTORA

Marta Midori Yoshida (Paraná, 1971), formada em Técnico em Contabilidade e criadora do canal "Confeitaria Midori Gluten Free", no YouTube, desde muito jovem já se interessava pelo universo culinário, tanto que anos mais tarde começou a trabalhar com encomendas de bolos, salgadinhos e doces para festas e eventos, até que abriu sua própria confeitaria, onde preparava delícias feitas com farinha de trigo no modo convencional. Com o passar do tempo, alguns desconfortos físicos começaram a surgir, tornando-se cada vez mais frequentes, derivados de uma rotina corrida e desgastante, agravada por hábitos e escolhas alimentares que incluíam principalmente o consumo diário do famoso "trigo". Após a descoberta, iniciou-se uma corrida contra o tempo para desenvolver receitas sem glúten que fossem acessíveis e saborosas. Em parceria com sua filha, Cintia Hikari Yoshida (São Paulo, 1999), criadora do canal "Hikari's Home", também no YouTube, decidiram juntas, reunir e compilar suas experiências e receitas sem trigo, selecionadas de seus respectivos canais.

Acesse os canais no YouTube:

Confeitaria Midori Gluten Free

Hikari's Home